海山嵊境

——嵊泗列岛人居环境图释

嵊泗县民政和人力资源社会保障局 编

西泠印社出版社

《海山嵊境——嵊泗列岛人居环境图释》
编审委员会

编辑部

主　编：徐　力

编　辑：徐　磊

摄　影：刘昌明　徐国飞　黄朝波　毛小伟　邵明军

序

《管子》曰：“地者，万物之本原，诸生之根菀也……水者，地之血气，如筋脉之通流者也。故曰：水，具材也。”

岛者，海中有山可以依止者也。基湖黄家台遗址考古证明，嵊泗列岛早在近5000年前已有先民繁衍生息。千百年来，嵊泗人民以岛为基，依山建村，濒海建港，向海而生，至少在宋元时期已经定居石弄山、三姑山、深水山、莆岙山、良港山、大七山、徐公山、东枯山、石蜀山、北壁山、西须山、马迹山、须皓山、大洋山、落华山、鸡鸣山、壁下山、神前山等20来个海岛，形成三姑、洋山、马迹、黄家岙、鲸门、嘉湖、关岙、箭巆、菱湖、礁岙、北砂、大小田岙、大岙头、外石、泗头岙、苔泎、长表头、里行、叫儿、墓岙、上黄砂、鸡鸣、深水、大小马公、福立、下黄砂、神前、莆岙、干斜、岙吟、大盘、西庄、东枯、洛华、大小壁下、泽下、王家岙、石衕、大发等40来个村落，创造了灿烂的以海岛、海疆、海防、海渔为主要标识的海洋文化，并以其独特的地理位置成为古代海上丝绸之路的重要节点。

新时代，嵊泗人民立足港、景、渔优势资源向海图强，海岛面貌日新月异，人居环境翻天覆地，旧时的北界村，俨然已是“海、山、城”三位一体，特色鲜明、独具魅力的“海上明珠”。

《周礼》云：“（大司徒）以天下土地之图，周知九州之地域广轮之数，辨其山林、川泽、丘陵、坟衍、原隰之名物。”《管子》曰：“凡兵主者，必先审知地图。轘辕之险，滥车之水，名山、通谷、经川、陵陆、丘阜之所在，苴草、林木、蒲苇之所茂，道里之远近，城郭之大小，名邑、废邑、困殖之地，必尽知之。”自古以来，地图以其“可济文字之穷，有一目了然之妙”而具资政存史、经世备览和知地形、明军情的功用。进入现代社会，地图又以其察地形、导路径和传文化的特点而深受旅行者的喜爱。《海山嵊境——嵊泗列岛人居环境图释》融地图、航片和简介为一体，从位置、环境和房屋3个维度，远景、近景、历史、现实4个尺度展现嵊泗县7个海岛乡镇，62个海岛村落的地形部位、地貌特征、生态环境、聚落形态、历史文化、产业布局、交通状况和秀丽风光，直观而形象地揭示了人与海洋、人与海岛等人地关系，揭示了不同海岛的人居空间特征，让人从不同的角度，“另类”的视角来审视海岛之美和文化之力，绚丽而迷人，精彩而实用。

好书的价值在于丰富知识、拓宽视野、陶冶性情、愉悦身心、引发共鸣、激励前行，《海山嵊境——嵊泗列岛人居环境图释》具备了这些好书特征，开卷即可获益。

2024年仲秋于舟山群岛地名文化工作室

目　录

嵊泗县地图

上海市
上海市
浙江省
马鞍
花鸟
花鸟山
猫山屿
绿华
西绿华岛
鳗局岛
绿华馒头山岛
大戢山岛
大戢洋
嵊泗中心渔港新港区
嵊泗
泗礁柴山屿
上三横北岛
舟山群岛
菜园后小山岛
大毛峰岛
金鸡山岛
北鼎星岛
青沙
S201
李柱山码头
嵊泗中心渔港
嵊泗县
菜园镇
六井潭
基湖沙滩
会城
沙河
基湖
五龙乡
泗礁山岛
田岙
G526
嵊泗列岛
小黄龙岛
峙岙
马迹山岛
小梅子岛
黄龙乡
外马廊山岛
大岙
南港
笆套山岛
半洋礁灯塔
鹰窠山岛
南鼎星岛
大黄龙岛
徐公岛
白节半洋屿
白节峡
白节半边山岛
大烂冬瓜岛
小半边山岛
白节山岛
半边田螺礁
薄刀嘴山
白节山灯塔
下川山岛
上川山岛
下川长山岛
虎啸蛇岛
川湖列岛
西马鞍岛
黄泽洋
小衢山岛
黄泽山岛
双子山岛
上海山岛

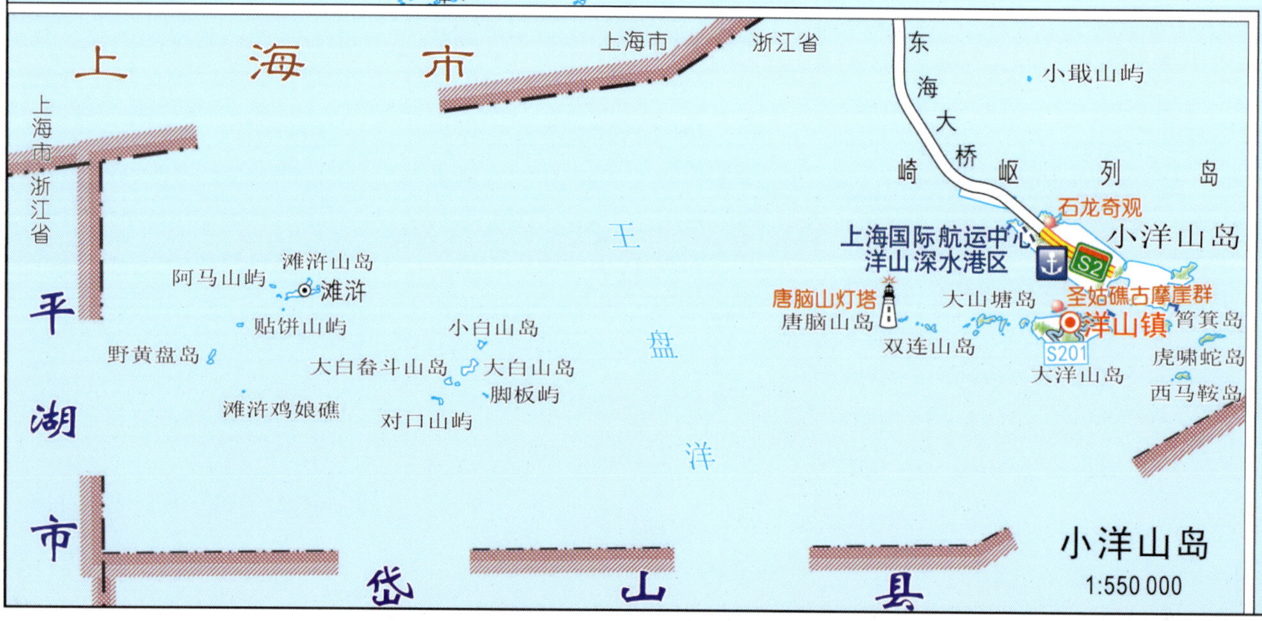
上海市
上海市
浙江省
东海大桥
小戢山屿
崎岖列岛
石龙奇观
上海市
浙江省
王盘洋
上海国际航运中心
洋山深水港区
小洋山岛
S2
滩浒山岛
阿马山屿
滩浒
唐脑山灯塔
大山塘岛
圣姑礁古摩崖群
唐脑山岛
洋山镇
箬箕岛
平湖市
贴饼山屿
小白山岛
双连山岛
S201
虎啸蛇岛
野黄盘岛
大白舂斗山岛
大白山岛
大洋山岛
西马鞍岛
滩浒鸡娘礁
脚板屿
对口山屿
岱山县
小洋山岛
1:550 000

比例尺 1:380 000

嵊
山
洋
东
海
花鸟白屿
花鸟乡
彩旗山屿
蝴蝶岛
庄海岛
大盘山岛
张其
壁下
壁下山岛
上黄屿
东黄屿
大嘴屿
海礁
枸杞乡
S201
嵊山镇
嵊山岛
马鞍山岛
干斜
龙泉
山海奇观
摩崖题记
东崖绝壁
枸杞岛
里西
浪岗山列岛
浪岗中块岛
浪岗东块岛
浪岗西块岛
蜂巢岩
岱 山 县
图 例
县（市、区）行政中心
乡、镇、街道
社区居委会
村委会
自然村
渔港
港区
灯塔、灯桩
国家级风景名胜区
主要景点
省界
设区市界
县（区、市）界
乡（镇、街道）界
S2
高速公路及编号
G526
国道及编号
S201
省道及编号
堤、海塘
航线
浙江省测绘科学技术研究院 编制
本图界线不作划界依据

嵊泗县

位于杭州湾以东、长江口东南，是浙江省最东部、舟山市最北部的一个海岛县。以嵊泗列岛置县，有大小海岛 630 个。县域总面积 8824 平方千米，其中海域面积 8727 平方千米，陆域面积 97 平方千米。最高峰为花鸟山岛前坑顶，海拔 236.9 米。辖菜园、嵊山、洋山 3 个镇和五龙、黄龙、枸杞、花鸟 4 个乡，有 29 个村、8 个社区。县人民政府驻菜园镇。2023 年，全县实现地区生产总值 142 亿元，城乡居民人均可支配收入分别为 6.84 万元、4.73 万元。人口 7.05 万人。

宋元属昌国县（州）蓬莱乡北界村。“北界村”地名始见于宋宝庆《四明志》卷二十，以地处昌国县北部，主岛泗礁山岛古称北界山得名。明代墟地徙民。清康熙二十九年（1690）江浙两省分洋汛，划大洋山岛北岸至泗礁山岛南岸一线以北改属江南省崇明县，以南属浙江省定海县。光绪元年（1875）划大黄龙岛北部属江苏省崇明县，南部属浙江省定海县。“嵊泗”地名始见于民国时期。以嵊山、泗礁山两座主要海岛名称首字合称得名。1934 年设崇明县第五区。1947 年设嵊泗设治局。1949 年 10 月始置嵊泗县，直属于江苏省，治设嵊山岛。1950 年改置嵊泗特区，属苏南行政区松江专区，治设菜园。1951 年复置县，治迁青沙滩，并划入浙江省定海县黄龙、大洋二乡。1953 年划属浙江省舟山专区。1954 年，自镇海县城关镇划入滩浒山、大白山等岛屿。1955 年复迁县治于菜园镇。1958 年省嵊泗县，设舟山县嵊泗公社。1960 年改设上海市嵊泗列岛人民委员会。1962 年复置嵊泗县，并划洋山公社入大衢县，属浙江省舟山专区。1964 年洋山公社划回嵊泗县。1967 年属舟山地区。1987 年属舟山市。

区位优势“得天独厚”。嵊泗地处我国 1.8 万千米海岸线的中心，我国贸易及运输最繁忙的南北海运和长江水运“T”形枢纽点上，扼长江、钱塘江出海口之要冲，是国内外海轮进出长江口的必经之地，是长江黄金水道连通外海的唯一通道。

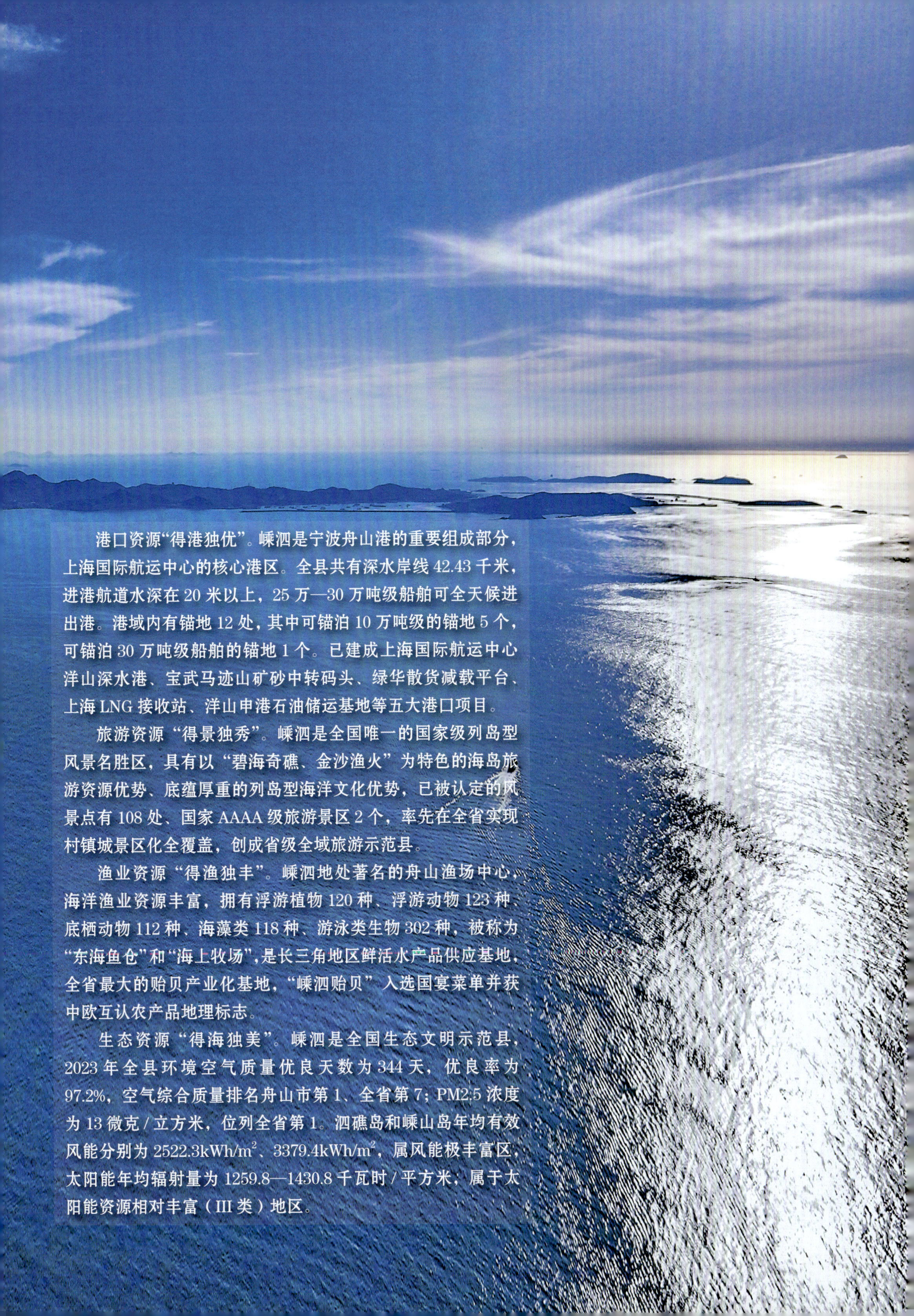

港口资源“得港独优”。嵊泗是宁波舟山港的重要组成部分，上海国际航运中心的核心港区。全县共有深水岸线 42.43 千米，进港航道水深在 20 米以上，25 万—30 万吨级船舶可全天候进出港。港域内有锚地 12 处，其中可锚泊 10 万吨级的锚地 5 个，可锚泊 30 万吨级船舶的锚地 1 个。已建成上海国际航运中心洋山深水港、宝武马迹山矿砂中转码头、绿华散货减载平台、上海 LNG 接收站、洋山申港石油储运基地等五大港口项目。

旅游资源“得景独秀”。嵊泗是全国唯一的国家级列岛型风景名胜区，具有以“碧海奇礁、金沙渔火”为特色的海岛旅游资源优势、底蕴厚重的列岛型海洋文化优势，已被认定的风景点有 108 处、国家 AAAA 级旅游景区 2 个，率先在全省实现村镇城景区化全覆盖，创成省级全域旅游示范县。

渔业资源“得渔独丰”。嵊泗地处著名的舟山渔场中心，海洋渔业资源丰富，拥有浮游植物 120 种、浮游动物 123 种、底栖动物 112 种、海藻类 118 种、游泳类生物 302 种，被称为“东海鱼仓”和“海上牧场”，是长三角地区鲜活水产品供应基地，全省最大的贻贝产业化基地，“嵊泗贻贝”入选国宴菜单并获中欧互认农产品地理标志。

生态资源“得海独美”。嵊泗是全国生态文明示范县，2023 年全县环境空气质量优良天数为 344 天，优良率为 97.2%，空气综合质量排名舟山市第 1、全省第 7；PM2.5 浓度为 13 微克 / 立方米，位列全省第 1。泗礁岛和嵊山岛年均有效风能分别为 2522.3kWh/m^2、3379.4kWh/m^2，属风能极丰富区，太阳能年均辐射量为 1259.8—1430.8 千瓦时 / 平方米，属于太阳能资源相对丰富（III 类）地区。

菜园镇地图

比例尺 1:104 000

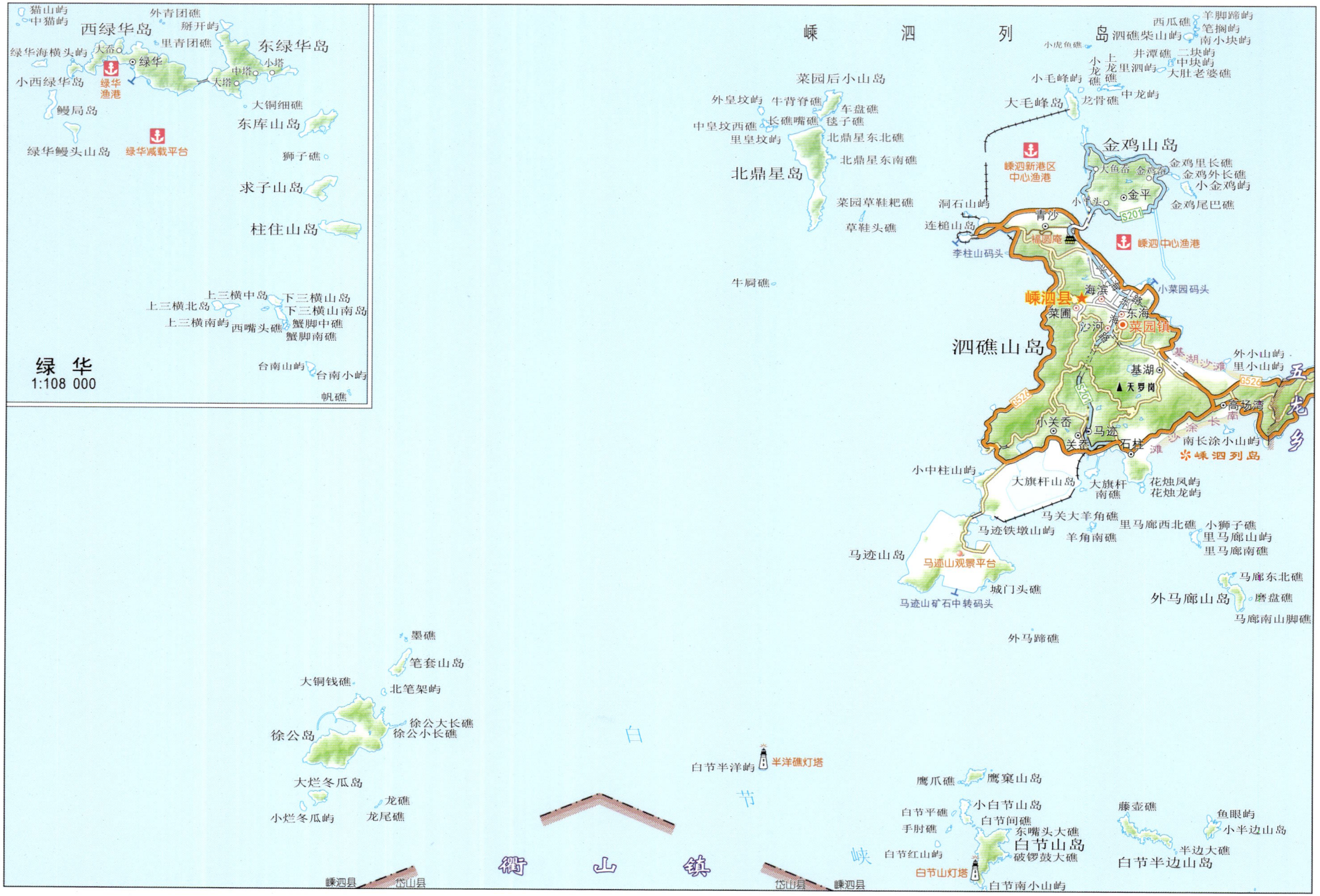
嵊 泗 列 岛
嵊泗县
菜园镇
泗礁山岛
金鸡山岛
北鼎星岛
菜园后小山岛
大毛峰岛
小毛峰屿
金平
青沙
海滨
东海
菜圃
沙河
基湖
天罗岗
小关岙
关岙
马迹
石柱
高场湾
五龙乡
基湖沙滩
南长涂沙滩
嵊泗列岛
嵊泗新港区中心渔港
嵊泗中心渔港
小菜园码头
李柱山码头
连樵山岛
洞石山屿
大旗杆山岛
大旗杆南礁
小中柱山屿
马迹山岛
马迹山观景平台
马迹铁墩山屿
马迹山矿石中转码头
城门头礁
马关大羊角礁
羊角南礁
里马廊西北礁
小狮子礁
里马廊山屿
里马廊南礁
花烛凤屿
花烛龙屿
南长涂小山屿
外小山屿
里小山屿
外马廊山岛
马廊东北礁
磨盘礁
马廊南山脚礁
外马蹄礁
西瓜礁
羊脚蹄屿
泗礁柴山屿
笔搁屿
南小块屿
井潭礁
二块屿
中块屿
大肚老婆礁
里泗屿
上龙礁
小龙礁
中龙屿
龙背礁
小虎鱼礁
金鸡里长礁
金鸡外长礁
小金鸡屿
金鸡尾巴礁
大鱼岙
金鸡岙
小平头
外皇坟屿
牛背脊礁
车盘礁
中皇坟西礁
长礁嘴礁
毯子礁
里皇坟屿
北鼎星东北礁
北鼎星东南礁
菜园草鞋耙礁
草鞋头礁
牛屙礁
墨礁
笔套山岛
大铜钱礁
北笔架屿
徐公大长礁
徐公小长礁
徐公岛
大烂冬瓜岛
小烂冬瓜屿
龙礁
龙尾礁
白节半洋屿
半洋礁灯塔
鹰爪礁
鹰窠山岛
小白节山岛
白节平礁
白节间礁
手肘礁
东嘴头大礁
白节山岛
破锣鼓大礁
白节红山屿
白节山灯塔
白节南小山屿
藤壶礁
鱼眼屿
小半边山岛
半边大礁
白节半边山岛
白 节 峡
衢 山 镇
嵊泗县
岱山县
S201
G526
绿 华
1:108 000
西绿华岛
东绿华岛
绿华
大岙
中塔
小塔
大塔
绿华渔港
绿华减载平台
猫山屿
中猫屿
外青团礁
掰开屿
里青团礁
绿华海横头屿
小西绿华岛
鳗局岛
绿华鳗头山岛
大铜细礁
东库山岛
狮子礁
求子山岛
柱住山岛
上三横中岛
上三横北岛
上三横南屿
下三横山岛
下三横山南岛
西嘴头礁
蟹脚中礁
蟹脚南礁
台南山屿
台南小屿
帆礁

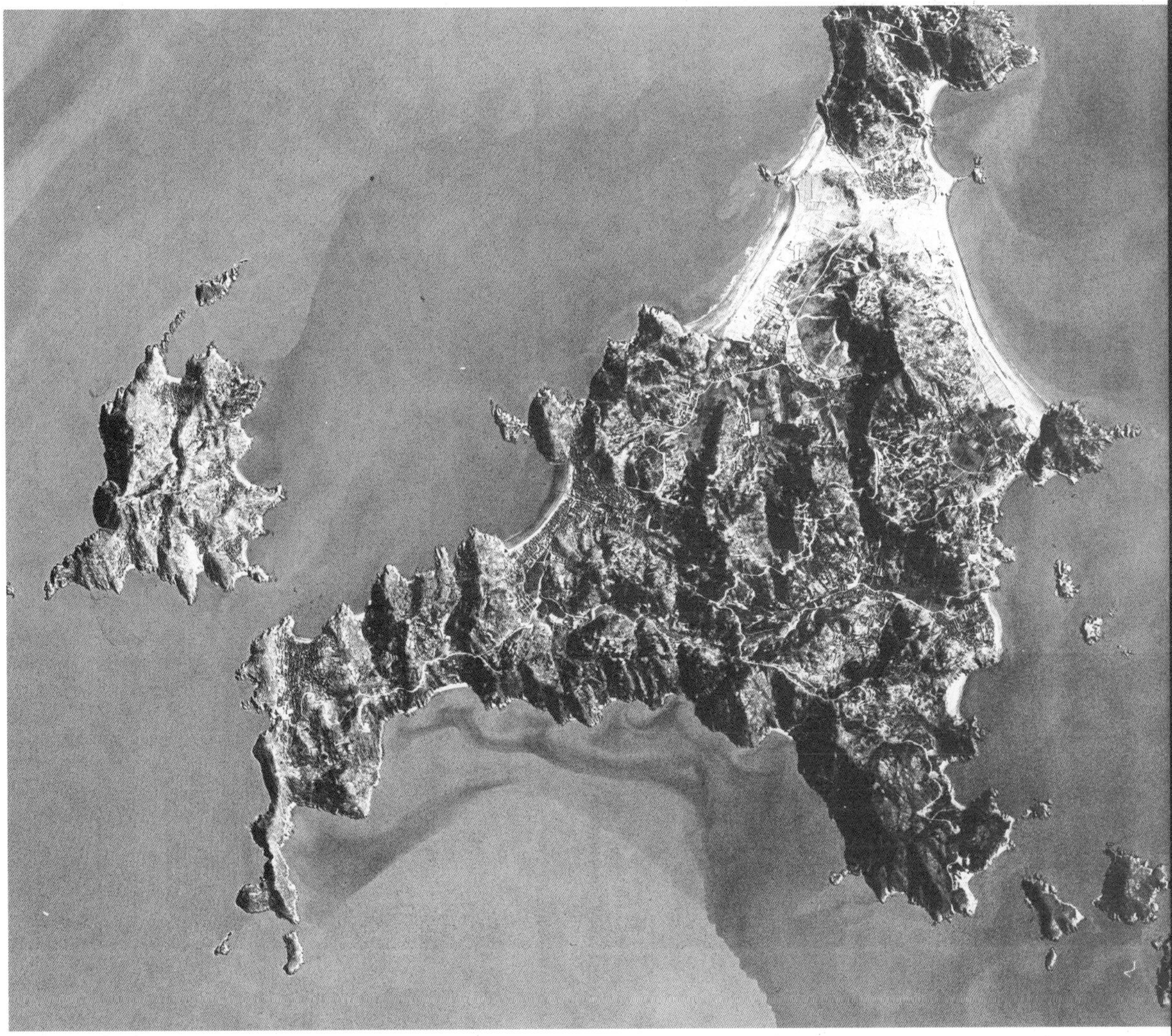

菜园镇卫星影像（1970年）

菜园镇

Càiyuán Zhèn

嵊泗县人民政府驻地。在嵊泗县中部。含泗礁山岛西部和金鸡山岛、东绿华岛、西绿华岛、北鼎星岛、白节山岛等有居民海岛，以及160个面积大于500平方米的无居民海岛。面积28平方千米。人口2.98万人。辖菜圃、海滨、沙河、东海4个社区居民委员会，青沙、关岙、石柱等9个村民委员会。镇人民政府驻菜园东海路130号。宋元属昌国县（州）蓬莱乡北界村。明代墟地徙民。清康熙二十九年（1690）改属江南省崇明县。1934年置菜园镇，属崇明县第五区。1949年改属嵊泗县。1950年划入基湖村。1953年析设基湖乡。1956年基湖乡并入。1958年改设菜园生产大队。1962年复置镇。1992年青沙乡并入。2001年，马关镇和金平、绿华二乡并入。地貌以海岛丘陵为主，谷地浅小。沿岸海湾与岬角相间，多典型的海蚀崖和海积滩。有中小学8所，

二级医院 2 家。地方文化以渔俗和航海文化为主。白节山灯塔、半洋礁灯塔为全国重点文物保护单位浙东沿海灯塔的组成部分。另有金平天后宫、沙帽礁（纱帽礁）沉船遗址、中大街 88 号民居、嵊泗革命烈士纪念碑等 4 处嵊泗县文物保护单位。基湖沙滩、南长涂沙滩合称“姐妹沙滩”，为嵊泗县核心景区之一。经济以港口服务业、旅游服务业和工业为主。工业以水产品加工和船舶修造业等为主。宁波－舟山港嵊泗港区马迹山作业区 30 万吨级矿石中转码头为全国最大的同类码头之一，绿华作业区为上海港减载和中转港。嵊泗中心渔港和嵊泗新中心渔港为国家级中心渔港。有李柱山、小菜园 2 个海港客运站，海上客运通定海三江和岱山高亭、衢山及县内各乡镇。陆上交通通泗礁山岛各村落，并经李柱山客运站车客渡航线连接国内公路网。

菜 园 *Càiyuán*

嵊泗县和菜园镇人民政府所在地。在泗礁山岛西北部。古称泗头岙、梳头岙、苏窦岙、梭头岙等（梭头岙相传以镇区东北侧有形如梭尖的岬角得名，泗头、梳头、苏窦均为梭头谐音异写），清光绪年间始称菜园岙。以地处海岛谷地，旧有泗礁山岛最大的菜园子得名。民国初期形成集镇。1955年4月，嵊泗县人民委员会（人民政府）迁此。1956年，有街巷6条，建成区面积0.5平方千米。1957年开始扩建城区，至1985年有街路5条，巷弄56条，建成区面积约为0.75平方千米。1999—2000年，启动北侧浅海围垦工程，新围垦造地0.47平方千米。现有街路93条，住宅区19个，建成区面积1.4平方千米。聚落三面环山东北濒海，呈团块状分布。南部为老城区，街路狭窄，多行政机关和2—3层民居。北部为新城区，街路宽阔，多商业建筑和仿欧式风格住宅区。北侧的嵊泗中心渔港，为国家级中心渔港。海上客运通县内各乡镇。

◀ 20世纪80年代
叶文清拍摄

西侧角 *Xīcèjiǎo*

在菜园城区西部。以处菜园城区西侧山谷得名。聚落呈团块状分布。为菜园老住宅区之一，多为民居。

毛家坑 *Máojiākēng*

在菜园城区西部。居民多毛姓，故名。聚落呈团块状分布。建有晶湾园、菜园中学。

东侧角 *Dōngcèjiǎo*

在菜园城区东部。因处菜园城区东侧山谷，故名。聚落呈团块状分布。为菜园老住宅区之一，东海社区居民早期集居地。

基湖 *Jīhú*

基湖村驻地。在泗礁山岛中北部，镇政府驻地菜园东南1.8千米。元代称嘉湖，以其地古有小潟湖得名，为宋元时期昌国县（州）蓬莱乡69岙之一。明代始称北基湖，别称北纪湖。基湖、纪湖均为嘉湖的方言谐音。清嘉庆年间至道光年间，陈姓从台州、岱山迁居于此。聚落处滨海谷地，三面环山，东南濒海，呈散点状分布。有基湖新村、外岙、老虎头、小基湖、沙塘5个地片。民居建于谷地农田间，多为2—4层传统民居，沿村道两侧多改建为民宿。为嵊泗主要蔬菜种植基地之一。有黄家台新石器时期遗址1处，并有基湖沙滩等著名景观。基湖沙滩与高场湾村南长涂沙滩合称“姐妹沙滩”，为嵊泗国家级风景名胜区的主景之一，建有海滨浴场和度假别墅区。

高场湾

Gāochángwān

高场湾村驻地。在泗礁山岛中部，镇政府驻地菜园东南 3.2 千米。清代称坑柴岙。民国时期始称教场湾，以村前沙滩曾为明清巡哨水师演兵处得名，后以方言谐音为今名。清乾隆年间，裴姓、李姓、王姓、张姓从岱山东沙镇剪刀头、高亭镇南峰山等地迁居于此。聚落沿滨海沙地分布，呈团块状分布。民居建于谷地农田间，多为 2—4 层传统民居，沿村道两侧多改建为民宿。村前有南长涂沙滩，与基湖沙滩合称“姐妹沙滩”，为嵊泗国家级风景名胜区的主景之一，并建有海滨浴场。

青沙滩

Qīngshātān

青沙村驻地。在泗礁山岛西北部，镇政府驻地菜园西北2.1千米。元代称鲸门，以东北侧有古称鲸门的剑门水道得名，为宋元时期昌国县（州）蓬莱乡69岙之一。清代始称青砂、南剑门。民国时改为今名，以村侧曾有青黑色沙滩得名。清乾隆年间，邵、唐、徐、吴四姓，从宁波镇海清水浦、岱山等地迁居于此。昔为泗礁山岛主要出入口，晚清和民国时期嵊泗县的主要港口、繁盛的区域之一。1951—1955年为嵊泗县人民政府驻地。聚落依山面海，呈团块状分布。街巷纵横交错，屋舍鳞次栉比，存多处清末和民国时期四合院式传统民居。

北鼎星新村 *Běidǐngxīng Xīncūn*

在青沙滩西部，镇政府驻地菜园西北 2.3 千米。村民原居住于北鼎星岛，1988 年整村搬迁于此，故名。聚落沿天梯岗墩东北麓呈团块状分布。屋舍墙体呈白色，依山势而建，远望如“海上布达拉宫”。

黄沙岙 *Huángshā'ào*

在青沙滩南侧，镇政府驻地菜园西北 1.3 千米。旧时，西侧海涂为黄沙滩，积沙甚厚，故名。清光绪年间，王姓从舟山马目，高姓从宁波镇海贵驷桥迁居于此。聚落处山间谷地，呈团块状分布。东侧建有公墓。

大关岙 Dàguān'ào

关岙村、马迹村驻地。在泗礁山岛西南部，镇政府驻地菜园南 2.7 千米。以其为古巡海水师驻守和设关之处得名。为宋元时期昌国县（州）蓬莱乡 69 岙之一。清乾隆四十五年（1780），三北（今属慈溪市）范家夫妇避难至此定居。嘉庆年间，王、顾、陈三姓从三北迁居于此。聚落处山间谷地，呈带状分布。昔中部有大片沼泽，聚落紧贴山脚分布。1957 年后填成陆地，建有厂房及街区。建筑多为 2 层传统民居，东部建有马迹新村。民国时期有商船近 30 只，远航海门（今台州市椒江区）、温州、福建、台湾等地装运木材、纸张等，被誉为“大船之乡”。

石 柱 *Shízhù*

石柱村驻地。在泗礁山岛中南部，镇政府驻地菜园南 5.2 千米。元代称大岙头，为宋元时期昌国县（州）蓬莱乡 69 岙之一。清代改为石池。民国时期改为今名，以村内昔有海蚀石柱得名。清嘉庆年间，翁姓、方姓分别从镇海、定海迁居于此。聚落依山面海，呈散点状分布。有大岙、官前、和尚观、沙畈 4 个地片。中部有大片蔬菜田。建筑多为 2 层传统民居，建于谷地与农田间。为嵊泗主要的蔬菜种植基地之一，并有石柱萝卜等特产。村口有南长涂长滩，为嵊泗国家级风景名胜区的主景之一。

小关岙 *Xiǎoguān'ào*

小关岙村驻地。在泗礁山岛西南部，镇政府驻地菜园西南2.8千米。古与大关岙合称“关岙”，为宋元时期昌国县（州）蓬莱乡69岙之一。以其为古巡海水师驻守和设关之处得名。清道光年间，沈姓、俞姓从三北（今属慈溪市），毛姓、高姓从岱山迁居于此。聚落依山面海，呈团块状分布。建筑多为2层传统民居，建于谷地、坡地。西北部有少量蔬菜田。

金鸡岙 *Jīnjī'ào*

在金鸡山岛东部，镇政府驻地菜园北3.3千米。宋元时期称鸡鸣岙。民国时期改为今名，以岙口外小金鸡岛得名。清嘉庆年间，刘姓、王姓从宁波贵驷桥、清水浦迁居于此。为金鸡山岛上最早的定居点之一，第二大村落。聚落坐西朝东，依山面海，沿狭窄山谷呈团块状分布。屋舍密集，依地势梯次而建，多为2层传统民居。小路环布，东侧通环岛公路。

黄泥坎

Huángníkǎn

金平村驻地。在金鸡山岛南部，镇政府驻地菜园北2.7千米。旧时山岙内有一条黄泥土坎，把居民分隔成东西两处，故名。清道光年间，柴姓从镇海清水浦迁居于此。为金鸡山岛上最大的居民点。聚落位于金鸡山岛南部山岙，呈团块状分布。屋舍密集，沿山谷和山坡梯次而建，多为2层传统民居。昔为金平乡政府驻地。原设有渡口，渡轮通县城，2001年金青大桥建成后废弃。南侧为2000年后新围垦成陆。

小平头 *Xiǎopíngtóu*

在金鸡山岛西南部，镇政府驻地菜园北 2.8 千米。昔有小水潭，村民饮用水咸取于此，故名小平潭，后谐音成小平头。清光绪年间，朱姓、徐姓、李姓从宁波，陈姓从南汇张家沙高头浜（今属上海市浦东新区）迁居于此。聚落沿海边谷地呈团块状分布。屋舍密集，依地势梯次而建，多为 2 层传统民居。昔多小商贩。1949 年《奋进中的嵊泗列岛》载：“视小平头与青沙滩接近……来往有渡船，船资铜元十二枚，山民专以买卖，小者至青沙滩，大者至菜园镇，轮船往来，则皆停泊于小平头前海中。”

大鱼岙 *Dàyú'ào*

在金鸡山岛西部，镇政府驻地菜园北 3.5 千米。据传，岙口沙滩曾有一条大鲨鱼搁浅，故名。又称大鱼骨头套，谐音为铜管套。清道光年间，单姓、庄姓从舟山干磁迁居于此。聚落沿海岸山沟呈团块状分布。屋舍密集，依地势梯次而建，多为 2 层传统民居。

反 岗 *Fǎngǎng*

绿华村驻地。在西绿华岛中部，镇政府驻地菜园东北 19.3 千米。处大岙后岗，故名翻岗，后谐音成今名。清嘉庆年间，柴姓、张姓、王姓、娄姓从宁波经泗礁菜园、石柱等地迁居于此，邵姓从余姚黄家埠镇邵家迁此定居。聚落沿海湾坡地呈带状分布。建筑多为 2 层传统民居。1981—2001 年为洛华公社、绿华乡政府驻地。通简易公路。设有客运码头，固定航班通菜园、花鸟等地。昔有渡船通东库。

大 岙 *Dà'ào*

在西绿华岛西北部，镇政府驻地菜园东北 19.1 千米。曾是绿华乡最大居民点，故名。清嘉庆年间，姜姓从南汇张家沙（今属上海市浦东新区）迁此，孔姓从宁波镇海小角尖迁此。聚落依山面海，呈团块状分布。建筑多为 2 层民居，建于坡地。1936—1971 年为洛华乡、绿西乡、绿华公社驻地。通简易公路。

小　岙 *Xiǎo'ào*

在西绿华岛北部，镇政府驻地菜园东北 19.5 千米。因村落较小，故名。清咸丰年间，陈姓从岱山经泗礁山岛基湖迁此定居，以捕鱼为生。聚落沿海湾东侧山谷呈团块状分布。通简易公路。

泥子坑 *Nízikēng*

在西绿华岛东北部，镇政府驻地菜园东北 19.9 千米。因山谷形如碾子，故名碾子坑，后谐音成今名。聚落沿山谷呈散点状分布。清乾隆年间，陈、郑、潘等姓从岱山高亭、泥峙、枫树墩迁此定居，以捕鱼为生。村民祖籍多为岱山。通小路。

石子岙 *Shízǐ'ào*

在西绿华岛南部，镇政府驻地菜园东北19.6千米。沿岸有青色石子滩，故名。原为荒芜山岙，1980年村民从沙厂干、泥子坑迁此。聚落沿山腰公路两侧呈团块状分布。通简易公路。

沙厂干 *Shāchǎnggān*

在西绿华岛东南部，镇政府驻地菜园东北19.8千米。以昔有江苏籍沙船到此砍柴搭棚居住，故名。"干"，系当地方言，义同"旁""沿"。村前海湾俗称沙船洪口。清道光年间，王姓、陈姓、金姓从岱山泥峙迁此定居，以捕鱼为生。聚落沿海边坡地呈团块状分布。曾为嵊山渔场中心地，嵊山渔场港口之一。1967年，浙江省宁波地区、象山县、奉化县和江苏省常熟县在此设有渔业指挥部。通简易公路。东侧建有绿华大桥，连接东绿华岛。

三 塔 *Sāntǎ*

在东绿华岛东南部。系大塔、中塔、小塔 3 个居民点的合称。大塔以村落内有一巨大岩石，俗称大石塔得名。中塔、小塔由大塔派生得名。清嘉庆年间，王姓从岱山迁居于此。道光年间，翁姓、胡姓、祝姓、吴姓、柴姓、毛姓分别从镇海、余姚、岱山、衢山等地迁居于此。聚落沿海湾坡地呈带状分布，建筑多为 2 层传统民居。山坡建有风力发电场。

东 库 *Dōngkù*

在东库山岛南部，镇政府驻地菜园东北 22.3 千米。宋元时称为东枯，明代始称东库。一说附近渔业资源丰富，意为水产宝库。一说此岛岸线曲折，多靠泊小渔船的港湾，故称东浦，谐音成东库、东枯。清道光年间，祝姓从岱山高亭镇枫树墩，王姓从岱山泥峙镇朝北岙迁此定居，以捕鱼为生。聚落依山面海，呈团块状分布。因交通不便，村民陆续迁于菜园、绿华居住。2023 年底，最后一批居民搬迁离岛，现遗存民居于山坡。1953—1956 年为洛东乡政府驻地。为纪念 1959 年 4 月在吕泗渔场遇难的本村渔民，树有吕泗海难纪念碑。

求　子 *Qiúzǐ*

在求子山岛东北部，镇政府驻地菜园东北 21.7 千米。以所在海岛得名。聚落沿坡地呈带状分布。民国初年，吴姓从泗礁山岛五龙迁此定居，以捕鱼为生。1983 年村民迁居泗礁山岛五龙、西绿华岛两地。

柱　住 *Zhùzhù*

在柱住山岛西部，镇政府驻地菜园东北 21.4 千米。以所在海岛得名。聚落处于山冈，呈团块状分布。王姓从衢山迁此定居，以捕鱼为生。定居年代不明。村民祖籍多为泗礁、台州、温州、岱山。1987 年迁往泗礁山岛。

嵊山镇地图

比例尺 1:19 000

横拦嘴
西洋湾
扑脑壳屿
大圆塔屿
小圆塔屿
后 头 湾
大中城礁
小中城礁
双人石
小娘沙头
西洋
城子沙头
巴嘴弄
泥沙头
坎屿
箱子岙
客运码头
嵊山客运站(北)
龙王宫
后头湾
石弄堂
东海水产品交易市场
天后宫
福善禅寺
光明冷冻厂
老先生宫
双胖嘴
三礁江大桥
嵊山渔港
羊角尖山
箱子岙
望海岗墩
羊角尖
陈钱山
泗洲塘
嵊山镇
万年溪坑
大坑
大玉湾
长生庵
平面台屿
太平岭路
万金山
蒋纪周烈士纪念碑
羊府宫
小夹堂礁
嵊山客运站(南)
泗洲塘
客货码头
蟑螂嘴头
嵊山南小礁
嵊山渔港
钓鱼嘴头
嵊
山
岛
嵊
山
洋
外湾礁
大 玉 湾
S201
北稻桶礁
南稻桶长礁
岗脚礁
嵊山贻贝养殖基地
后岗
插旗岗墩
螺屿螺礁
东海龙王宫
南向
扑南嘴礁
前卫
挨洋门头
满嘴头
东崖绝壁
黄 泽 洋
鳗鱼头屿
花鸟乡
大盘山岛
壁下
壁下山岛
张其山岛
壁下渔港
嵊山镇
枸杞乡
嵊山岛
枸杞岛
嵊
山
洋
海礁
东
海
枸
杞
乡
浪岗山列岛
浪岗中块岛
浪岗东块岛
浪岗西块岛

嵊山岛卫星影像（1970年）

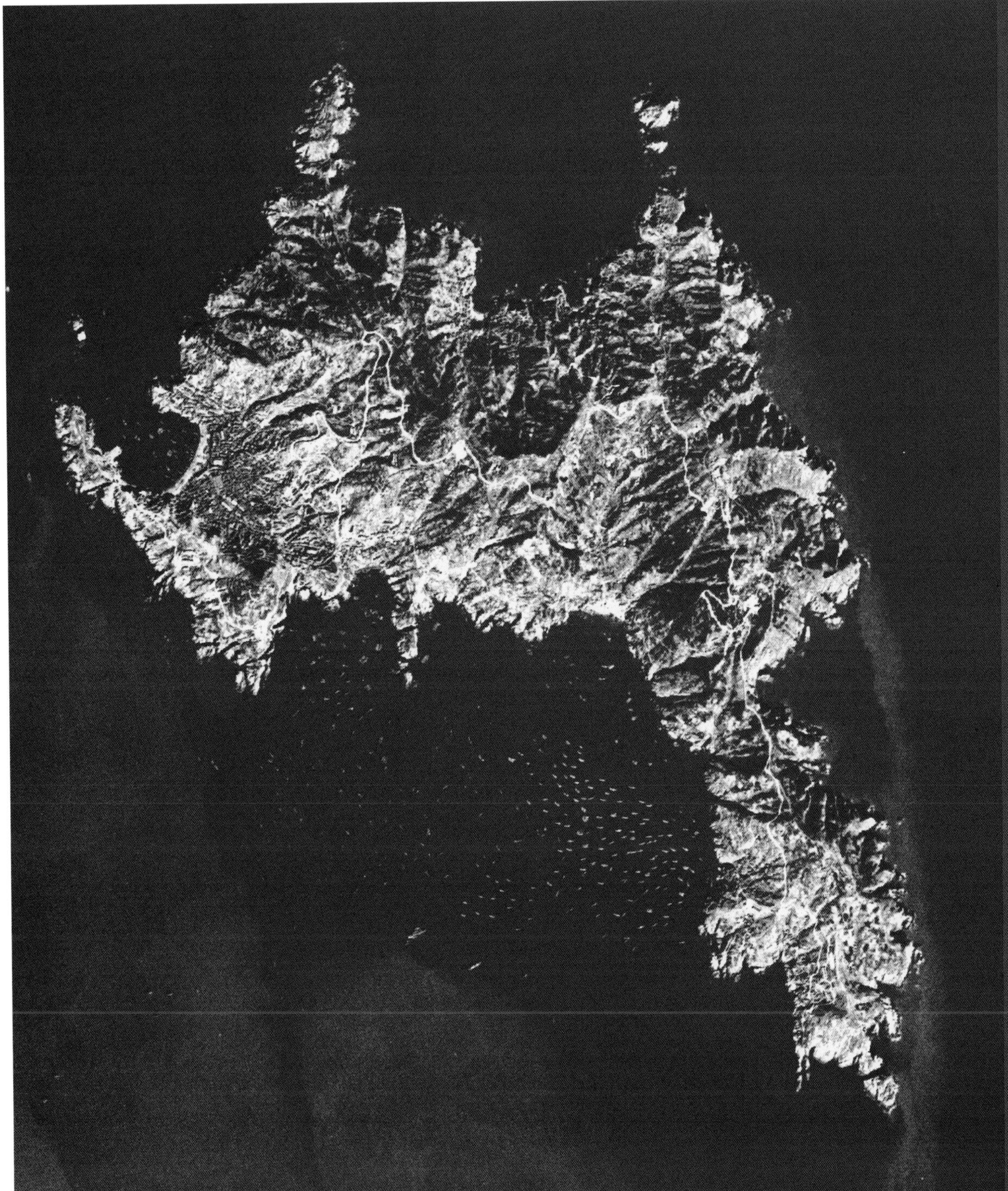

嵊山镇

Shèngshān Zhèn

全国文明镇。在嵊泗县东部。以嵊山岛为主岛得名。含嵊山岛、壁下山岛、大盘山岛、张其山岛、浪岗中块岛5个有居民海岛，庄海岛等49个面积大于500平方米的海岛。面积7平方千米。人口0.76万人。辖箱子岙、陈钱山、泗洲塘、壁下4个村民委员会。镇人民政府驻嵊山箱子岙文化路20号。宋元属昌国县(州)蓬莱乡北界村。明代墟地徙民。清康熙二十九年(1690)改属江南省崇明县。1934年置嵊山镇，属崇明县第五区。1949年改属嵊泗县，并为县治。1953年析置为嵊山镇和壁下乡。1956年复并为嵊山镇。1958年改设为嵊泗公社嵊山大队和壁下直属中队。1962年析置为嵊山公社。1966年改嵊山公社为嵊山镇，并析设壁下公社。1984年壁下撤社改乡。1985年浪岗山列岛划入。2001年，复合置为嵊山镇。地貌以海岛丘陵为主，沿岸海湾与岬角相间，多典型的海蚀崖。嵊山岛古为东亚海上丝绸之路的重要节点。南宋由制置司水师昼夜巡徼海区。宝庆《四明志》卷七载："神前、石衙、三姑、宜山、马迹、关岙、海驴礁及海南北中间，其昼夜巡徼者，三日一报枢密院及尚书省。"元方回《桐江续集》卷三十二《孔端

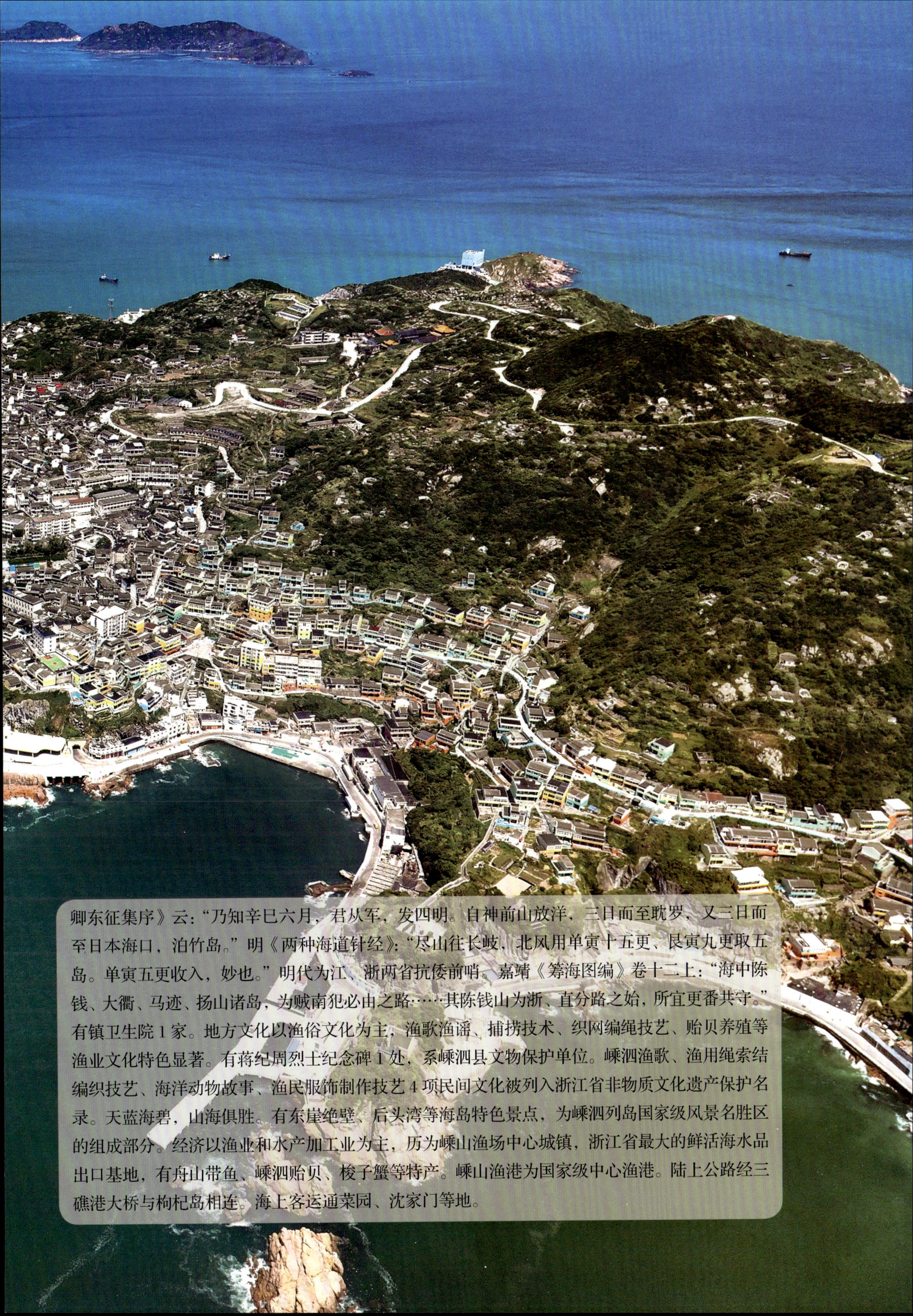

卿东征集序》云："乃知辛巳六月，君从军，发四明。自神前山放洋，三日而至耽罗，又三日而至日本海口，泊竹岛。"明《两种海道针经》："尽山往长岐，北风用单寅十五更、艮寅九更取五岛。单寅五更收入，妙也。"明代为江、浙两省抗倭前哨。嘉靖《筹海图编》卷十二上："海中陈钱、大衢、马迹、扬山诸岛，为贼南犯必由之路……其陈钱山为浙、直分路之始，所宜更番共守。"有镇卫生院1家。地方文化以渔俗文化为主，渔歌渔谣、捕捞技术、织网编绳技艺、贻贝养殖等渔业文化特色显著。有蒋纪周烈士纪念碑1处，系嵊泗县文物保护单位。嵊泗渔歌、渔用绳索结编织技艺、海洋动物故事、渔民服饰制作技艺4项民间文化被列入浙江省非物质文化遗产保护名录。天蓝海碧，山海俱胜。有东崖绝壁、后头湾等海岛特色景点，为嵊泗列岛国家级风景名胜区的组成部分。经济以渔业和水产加工业为主，历为嵊山渔场中心城镇，浙江省最大的鲜活海水品出口基地，有舟山带鱼、嵊泗贻贝、梭子蟹等特产。嵊山渔港为国家级中心渔港。陆上公路经三礁港大桥与枸杞岛相连。海上客运通菜园、沈家门等地。

▲ 1987 年　叶文清拍摄

箱子岙 *Xiāngzi'ào*

嵊山镇人民政府驻地。在嵊山岛西北部，县人民政府驻地菜园镇东 33.9 千米。古称神前（岙）、陈钱（岙），以嵊山岛古称神前山、陈钱山得名，为宋元时期昌国县（州）蓬莱乡 69 岙之一。箱子岙地名始见于清光绪《定海厅志・舆地全境图》。1949 年《奋进中的嵊泗列岛》载："西北有澳，名箱子。以双胖、王痢子（今横拦嘴）两山直出环抱，栏礁遮蔽其外，中开一港，成箱形，故名。"清末发展成渔港集镇，并驻有福建、台州、温州和沈家门等会馆。民国年间，每逢冬汛，沿海渔民齐聚于此交易渔货。1936 年，有渔行 40 家，商号 10 多家。20 世纪 50 年代曾聚集了闽、浙、苏、沪 3 省 1 市 1 万多艘渔船，10 万名渔民云集于此；最多的 1979 年，汇集中国沿海 6 省 2 市 2 万多艘渔船，16 万名渔民，设有各省、市、县渔场指挥部 20 多个。聚落依山面海，沿山谷呈月牙形团块状分布。为马鞍列岛的经济中心、嵊山渔场的集散地，多渔港管理和商贸、旅游服务设施。沿港多为旅游宾馆，山坡多 2—4 层民居。沿港有防浪堤。

CHINA

泗洲塘 *Sìzhōutáng*

在嵊山岛西北部，镇政府驻地箱子岙东南0.3千米。古称泗洲堂，即敬奉泗洲文佛的场所，后因谐音为今名。村民多于清代中后期迁自岱山、定海、温州、宁波和台州。聚落依山面海，沿山坡呈团块分布。多为2—3层民居。沿岸建有沿港公路、码头、渔机修理站等渔港配套设施。经泗洲塘隧道与箱子岙相连。设有客运码头，候潮停靠，固定航班通菜园、枸杞、花鸟、沈家门等地。

后头湾 *Hòutóuwān*

在嵊山岛北部，镇政府驻地箱子岙东北 1.4 千米。以北侧港湾得名。聚落依山面海，沿山坡呈团块状分布。有城子沙头、巴嘴弄、二沙头、石弄堂、小娘沙头 5 个地片。清末，杨姓、孙姓、乐姓、石姓从岱山、衢山迁居于此。因交通不便，20 世纪 90 年代村民陆续搬迁至镇区。

存有大量废弃的 2—3 层民居。房屋墙外遍布爬山虎等藤本植物，与满是植被的山体融合，宛如绿野童话，被誉为“最美无人村”。现已辟为旅游景点。沿岸建有多座活蟹暂养池。

大玉湾 *Dàyùwān*

在嵊山岛中南部，镇政府驻地箱子岙东南 1.3 千米。以港湾得名。聚落沿山坑呈散点状分布。清末，夏姓从岱山迁此定居，以种田为生，村民祖籍多为岱山。1990 年，因扩建大玉湾水库，大部分居民迁到镇区。

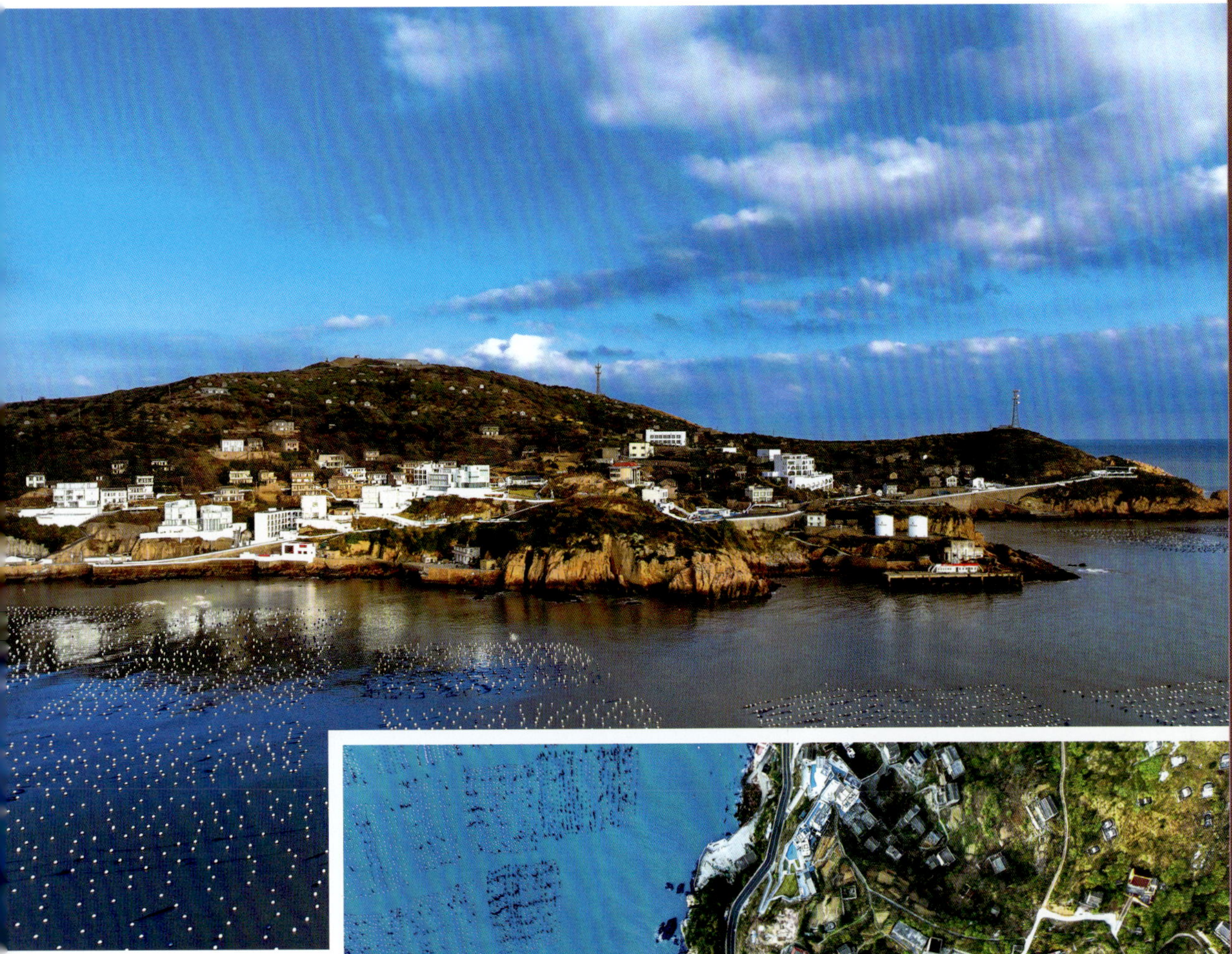

满嘴头 *Mǎnzuǐtóu*

在嵊山岛东南部，镇政府驻地箱子岙东南 2.4 千米。以满嘴头岬角得名。聚落沿陡坡呈散点状分布。有后岗、南向、箐箕头 3 个地片。村民祖籍多岱山。现建有东崖绝壁景区。

安 基 *Ānjī*

壁下村驻地。在壁下山岛西北部，镇政府驻地箱子岙西北 7.6 千米。古与壁下合称大小壁下。后以昔有古庵得名庵基，后谐音成今名。清乾隆年间，杨姓、王姓从温州、瑞安等地迁居于此。聚落依山面海，呈团块状分布。屋舍依山坡梯次而建，多为 2 层传统民居。1964 年于东南部建钢筋混凝土桥，曾是华东第一座跨海大桥。1975 年改筑海堤，与壁下有简易公路相通。

壁 下 *Bìxià*

在壁下山岛东南部，镇政府驻地箬子岙西北 7.1 千米。唐代称为下屿山。元时与安基合称大小壁下。以壁下岛得名。聚落沿海湾坡地呈带状分布。建有岸壁码头、冷库等渔港设施。

大 盘 *Dàpán*

在大盘山岛西部，镇政府驻地箬子岙西北 9.3 千米。唐宋时称为大板。元时改称大盘，以大盘山岛得名。清乾隆年间，王姓、陈姓、翟姓、秦姓从黄岩迁居于此。聚落沿山坑呈团块状分布。

张 其 *Zhāngqí*

在张其山岛南部，镇政府驻地箱子岙西北 11.2 千米。以张其山岛得名。聚落沿坡地呈散点状分布。清光绪年间，芦姓、张姓、蔡姓从黄岩排门、能溪等地迁此，以采集贝藻类、捕乌贼为生。村民祖籍多为黄岩、岱山、宁波。20 世纪 70—80 年代，曾办村小学，为浙江省首届“春蚕奖”获得者杨兰娟工作过的学校。90 年代后，村民陆续迁往菜园居住。

洋山镇地图

比例尺 1:34 000

大 戢 洋
崎 岖 列 岛
东海大桥
东崎
乌龟头礁
颗 珠 山 岛
东海大桥
元宝礁
锤脐岛
小洋山陵塔
施家岙
大城子山
"海阔天空"摩崖石刻
石龙奇观
中国海事
小城子山
小洋山
客运码头
上海港公安局
洋山分局
综合通信局
观音山
"倚剑"摩崖石刻
洋山港港区管理中心
姐妹石
小洋山观景平台
S2
沪芦高速
小 洋 山 岛
上海国际航运中心
洋山深水港区
大指头
小岩礁
沈 家 湾 岛
薄刀嘴山
能源路
东港路
沈家湾客运站
沈家湾码头
王 盘 洋
唐脑山灯塔
唐脑山岛
兔耳礁
兄弟屿
立人山屿
小秤锤屿
大秤锤屿
双连山岛
大洋枕头山屿
半山屿
小半礁
大山塘岛
蒲帽山屿
大洋馒头山屿
小贴饼屿
小山塘岛
下礁
大贴饼岛
圣姑礁古摩崖群
中姑礁
前姑礁
圣姑礁屿
圣姑码头
洋山镇
钥匙码头
圣港
钥匙渔港
洋山客运码头
外后门岛
共建路
云路
慈恩寺
滨海
城东
雁洋
云澜苑
桥滴子
大山
洋山陵塔
S201
大洋山岛
洋山大岙渔港
老人礁
箩箕岛
小箩箕礁
虎啸蛇岛
蛇舌礁
西马鞍岛
马镫礁
西马鞍礁
上海市
浙江省
东双礁
大戢山岛
大 戢 洋
小戢山屿
崎 岖 列 岛
东海大桥
小洋山岛
小洋山客运码头
大小戢山岛
1:238 000
滩浒山岛
1:238 000
滩浒渔港
滩浒山庄
阿马山屿
滩浒
滩浒山岛
贴饼山屿
野黄盘岛
滩浒鸡娘礁
小白山岛
大白山岛
大白眷斗山岛
对口山屿
王 盘 洋
双连山岛

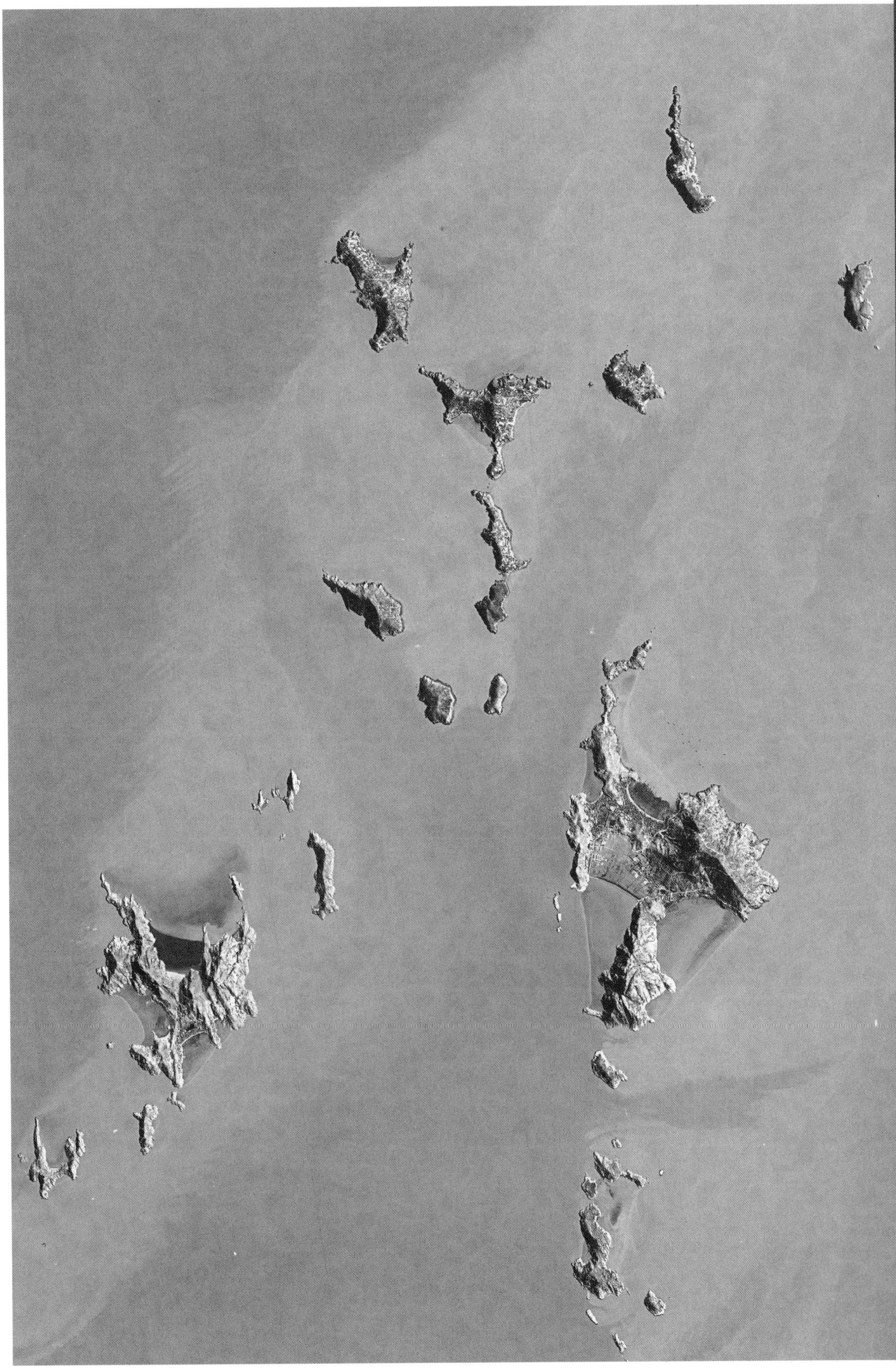

洋山镇卫星影像（1970年）

洋山镇

Yángshān Zhèn

在嵊泗县西南部。以大、小洋山岛合称得名。含大洋山岛、小洋山岛、滩浒山岛等 8 个有居民海岛，83 个面积大于 500 平方米的无居民海岛。面积 28 平方千米。人口 1.13 万人。辖圣港、城东、雄洋、滨海 4 个社区居民委员会，滩浒 1 个村民委员会。镇人民政府驻圣大路 133 号。宋元属昌国县（州）蓬莱乡北界村。明代墟地徙民。清康熙二十九年（1690）江浙两省分洋汛，以大洋山岛北岸为界，分属江南省崇明县和浙江省定海县蓬莱乡。宣统二年（1910）分属崇明县和定海直隶厅朐山乡。1934 年分属崇明县小洋乡、定海县大洋乡和镇海县新平乡。1947 年分属崇明县小洋乡、定海县大洋乡和镇海县新平乡。1950—1951 年分属嵊泗特别区（县）小洋乡、大洋乡和镇海县城关镇。1953 年，大洋乡析置为大洋、洋东、洋西 3 乡。1954 年，滩浒山、大白山等岛自镇海城关镇划入大洋乡。1958 年改设为小洋、大洋、滩浒 3 个大队，属嵊泗公社。1962 年划归大衢县，并与徐公岛等合置洋山公社。1964 年复归嵊泗县，属洋山公社。1966 年析设为大洋、小洋、滩浒 3 个公社。1984 年撤社改乡，并于大洋撤乡建镇。2001 年合置洋山镇，并迁小洋山岛村民至上海市南汇区（今属浦东新区）和大洋山岛等地。地貌以海岛丘陵为主，仅大洋山岛西南部、西北部和中部有海积平地。海岛岸线曲折，多港湾。历为海防重地。宋宝庆《四明志》卷二十：“三姑山系北洋冲要之地，凡海舟自山东放洋而南欲趋浙之东西，必自此分道。”绍兴元

年（1131），集中台州、温州、明州、越州民商船屯于三姑山（今大洋山岛）、岱山、岑江（今岑港）和洌港（今沥港）4处。绍兴五年（1135）于大洋山岛设三姑都巡检寨，并辖洌港、岑江二子寨。宋宝庆《四明志》卷七载："神前、石衕、三姑、宜山、马迹、关岙、海驴礁及海洋南北中间其昼夜巡徼，三日一报枢密院及尚书省。"南宋宝祐六年（1258），于大洋山和薄刀嘴设三姑山和下干烽铺，为其时海上十二烽铺的组成部分。明清为江浙两省水师会哨之处，并留下大量巡海题刻。有学校1所，镇卫生院1家。地方文化以渔俗和航海文化为主。小洋山岛、大洋山岛和圣姑礁多明清摩崖石刻，其中"海阔天空""倚剑""泛波""鲲鹏化处""群贤毕至"等5处摩崖石刻为嵊泗县文物保护单位。另有唐脑山灯塔1处舟山市文物保护单位；洋山天后宫1处嵊泗县文物保护单位。大洋山等岛山石巍峨奇特，辟有石龙、小梅山等景区。经济以渔业、工业、海运业为主。渔业以近海捕捞为主，并有海蜇、水白虾等特产。工业有石料开采、仪器仪表、船舶修造等产业。2002年起，开山围填小洋山、老鸦嘴、镬盖档、将军帽、大垃塌、小垃塌、大岩礁、小岩礁、西门堂、中门堂、沈家湾等岛，建上海港洋山港区。2005年6月，国务院批准于小洋山岛设立我国第一个保税港区；2013年，洋山保税港区成为中国（上海）自由贸易试验区的组成部分。沪芦高速公路（S2）经东海大桥通上海。海上客运通嵊泗县城和定海、岱山等地。

钥匙岙 *Yàoshi'ào*

圣港社区驻地。在镇政府驻地大洋东北部。因形似古代的钥匙得名。相传小洋山石箱子藏有大量的金银珠宝，开箱钥匙失落在此岙。聚落处于小梅山与公山交汇处，呈弧形团块状分布。屋舍或建筑多在山间谷地，或依山而建，街巷密集狭窄，高低错落。建筑多为20世纪80年代的2层楼。清咸丰年间，周姓从定海，施姓、陈姓从岱山，毛姓从镇海迁此定居，以张网为生。居民祖籍多为岱山、镇海、定海。东北侧海湾，历为大洋山岛的主要泊船地之一。

1989 年　叶文清拍摄 ▶

小 梅 *Xiǎoméi*

在镇政府驻地大洋东北部。以小梅山得名。清代称插竹岙。明清时江浙官兵会哨于此，先到者插竹或木牌为记，故名。聚落处于小梅山南侧谷地，呈团块状分布。清咸丰年间，毛姓从岱山迁此，以晒盐为生。1958 年前，村民主事盐业，昔有盐板 2360 块。

大 岙 *Dà'ào*

城东社区驻地。在镇政府驻地大洋东南部。原称巡检岙、巡简岙、仁记岙等。以南宋时曾于此设三姑都巡检寨得名。后以其为大洋山岛上的最大聚落，改为今名。聚落沿大洋山岛东部滨海谷地呈团块状分布。地势平坦，屋舍密集，街巷整齐。建筑多为建于20世纪80年代的2层楼。清咸丰年间，有宁波镇海、岱山人方姓、刘姓、陈姓迁居于此，张网为生，村民祖籍多为宁波。1935—1958年为大洋乡政府驻地。东侧海湾为大洋山岛最大的泊舟之地和大戢渔场。

雄鹅岙 *Xióng'é'ào*

滨海社区驻地。在镇政府驻地大洋南部。以大梅山别名雄鹅鼻得名。曾称煤山岙。聚落沿大山西北侧谷地呈团块状分布。有里雄鹅、外雄鹅 2 个地片。建筑多为 2 层传统居民。清末，王姓、沈姓从舟山迁此，以种田为生。村民祖籍多为舟山，还有宁波、岱山等。北侧昔为盐田、沼泽，南方渔民称为烂泥岙，现已经改建为蔬菜田。

新 宫 *Xīngōng*

在镇政府驻地大洋南部。昔山坡上建关圣殿，因晚于东平天后宫，群众习称其为新宫，故名。聚落处于大山与大洋馒头山鞍部，呈团块状分布。屋舍多建于坡地。

洋东新村 *Yángdōng Xīncūn*

雄洋社区驻地。在镇政府驻地大洋西南部。以昔洋东村得名。聚落处大梅山南侧谷地，呈团块状分布。居民原散居于大洋岛东部的沈家湾，薄刀嘴北岙、南岙，中门堂，筲箕北岙、南岙。1982年迁此，为县内第一个小岛移民村。房屋整齐，多为2层传统民居。主要姓氏为沈、陈、邵。村民祖籍多为岱山、镇海、奉化。

滩浒岙 *Tānxǔ'ào*

滩浒村驻地。在滩浒山岛中部，镇政府驻地大洋西42.9千米。以滩浒山岛得名。清道光年间，村民从定海长白岛迁居于此。民国时期盗匪猖獗，民不聊生。20世纪60年代开始实现渔船机帆化，曾为“自力更生、艰苦创业”的渔业战线典型。1978年后，为嵊泗县率先富裕的渔区之一。1998年，多数村民迁居上海市奉贤区金汇港滩浒新村。聚落沿滩浒山岛北部谷地呈团块状分布。为“塌东京、涨崇明”传说的起源地。

小洋山 *Xiǎoyángshān*

在嵊泗列岛西部，崎岖列岛中北部，大洋山岛北面海域。宋元时称杨山、大洋山等。清代改称洋山、北羊山、小羊山。清康熙《崇明县志》卷二载："洋山，相传山有神，最灵即隋炀帝其门子神……山多羊，海船失风至此，粮尽即向神借羊。神许，羊辄自至。如否者，虽多方掩捕，终不可得。借者归后必载送还，羊日蕃盛。"明清为江浙两省水军会哨处，现留存"海阔天空""倚剑""鲲鹏化处"等巡哨官兵题刻。原为面积 1.8 平方千米的小岛，有南岙、南沙、北山等 6 个居民点。2022 年

《昔日小洋山》 刘昌明摄

始于此建设上海洋山港区，陆续与相邻的蒋公柱、锦鸡岛、将军帽等 12 个海岛开山围填相连，面积增至 10.33 平方千米。岛上居民集体动迁至上海市南汇区（今属浦东新区）、大洋山岛定居。现岛上实际居住人口皆为港区工作人员和相关管理机构工作人员。2005 年 6 月，国务院正式批准于此设立我国第一个保税港区。2013 年，洋山保税港区成为中国（上海）自由贸易试验区的组成部分。现建有国内最大的集装箱港区。西北部经东海大桥与上海市相连，通沪芦高速公路。

沈家湾 *Shěnjiāwān*

在小洋山岛东部，洋山镇政府驻地大洋东北 5.1 千米。以昔沈家湾岛得名。因遍长黄花苜蓿（俗称草子），故又称草子湾。聚落沿海岛西、西北、西南岸呈散点状分布。有北岙、南岙、黄泥坎 3 个地片。清乾隆年间，居户从慈谿观海卫（今属慈溪市）经岱山石马岙迁此。主要姓氏有沈、孙、邵等。昔为洋东村委会驻地。1982 年，村民迁入镇区。现为上海洋山港区组成部分，建有石油储运基地、县交通旅游集散中心等。海上客运通泗礁、定海、岱山等地。

五龙乡地图

比例尺 1:12 000

菜园镇
鼠尾礁
鼠爪礁
酱缸盖礁
老鼠山
泗礁老鼠山屿
花轿礁
大洪洞
六井头
屋叉浜
六井潭
外山嘴
会城岙滩
会城渔港
中会城
东牛桩山
西会城
会城
尖峰岗
牛头岗
泗礁山岛
渔俗广场
美食街
东海渔村
田岙
田岙沙滩
大悲山
灵音禅寺
鉴真东渡泊舟处
中黄沙
五龙乡
天后宫
边礁
沿边路
边礁岙沙滩
尖峰脑
大黄沙
黄沙岙沙滩
石公山
抗战纪念馆
黄沙
小黄沙
五龙渔港
朝阳亭
和尚套
外鱼山
交通码头
沙鳗礁
五龙洞礁
劈开山屿
淡菜屿
淡菜礁
东嘴头南礁
小淡菜屿
三块岩礁
外长礁嘴礁
蓝色海岸休闲度假带
S526

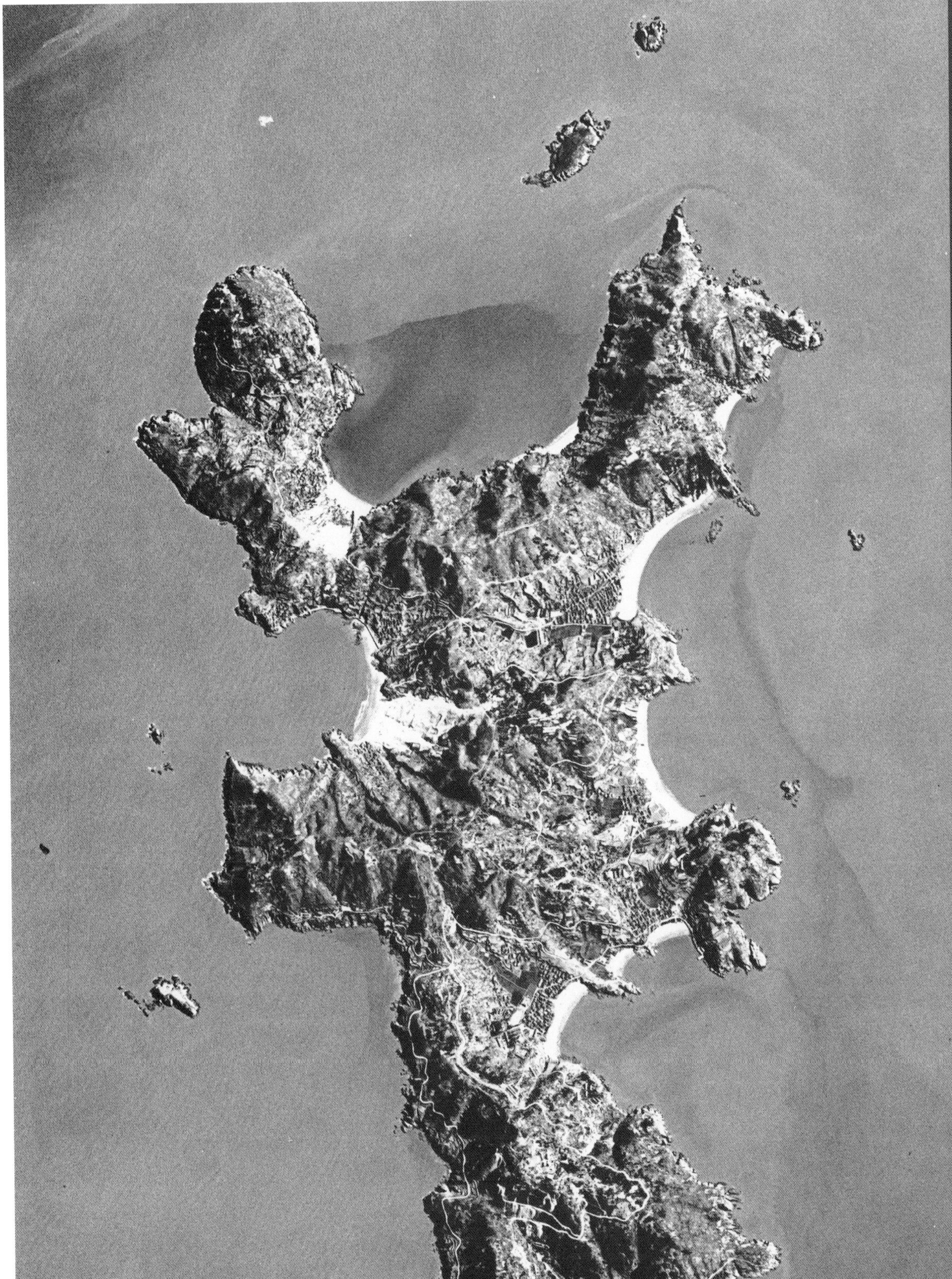

五龙乡卫星影像（1970年）

五龙乡

Wŭlóng Xiāng

在嵊泗县中部。含泗礁山岛东部，以及泗礁老鼠山屿、淡菜屿等 14 个面积大于 500 平方米的无居民海岛。面积 7 平方千米。人口 0.44 万人。辖边礁、田岙、黄沙、会城 4 个村民委员会。乡人民政府驻边礁岙爱民路 88 号。宋元属昌国县（州）蓬莱乡北界村。明代墟地徙民。清康熙二十九年（1690）改属江南省崇明县。1934 年，与大黄龙岛北港村合置五龙乡，属崇明县第五区。取下五岙（边礁岙、会城岙、黄沙岙、田岙、朝阳岙）与大黄龙各一字命名。1950 年起，改属嵊泗特区（县）。1951 年，划出大黄龙岛的北港村。1958 年，改设嵊泗公社五龙大队。1962 年，析设为五龙公社。

1984 年，撤社改乡。地貌以海岛丘陵为主。岸线曲折，多海积沙滩和海蚀崖壁。南部和北部有沙山，旧为嵊泗黄沙主产地之一。地方文化以渔俗文化为主。有五龙鱼雷洞 1 处嵊泗县文物保护单位，辟有嵊泗原生态蓝色海岸休闲旅游度假带、大悲山和“东海渔村”等景区。经济以渔业和旅游业为主。渔业以张网作业为主，为舟山市著名渔业乡之一。陆上有公路通菜园镇。设有渡口 1 个，海上客运通黄龙乡。

边礁岙 *Biānjiāo'ào*

五龙乡人民政府、边礁村驻地。在泗礁山岛东南部，县人民政府驻地菜园镇东南 7 千米。古称礁岙，为宋元时期昌国县（州）蓬莱乡 69 岙之一。以村东南侧港湾内有巨大礁石得名。清乾隆年间，张姓从岱山岱东乡磨心，陈姓从象山迁居于此。聚落依山面海，沿丘陵谷地呈团块状分布。建筑多为 2—3 层民居，外墙多喷涂黄、红等色彩，边礁村也被誉为“色彩艺术村”。

黄沙岙 *Huángshā'ào*

黄沙村驻地。在泗礁山岛东部，乡政府驻地边礁岙西 1 千米。古称上黄砂，为宋元时期昌国县（州）蓬莱乡 69 岙之一。清代始称黄沙岙，别称黄沙套。以岙口东南侧沙滩得名。清乾隆年间，周姓从岱山迁居于此。吴姓、傅姓于清嘉庆年间自岱山迁入。聚落沿海滨谷地呈团块状分布。有黄沙、中黄沙、小黄沙 3 个地片。屋舍密集，多为 2—4 层传统民居。

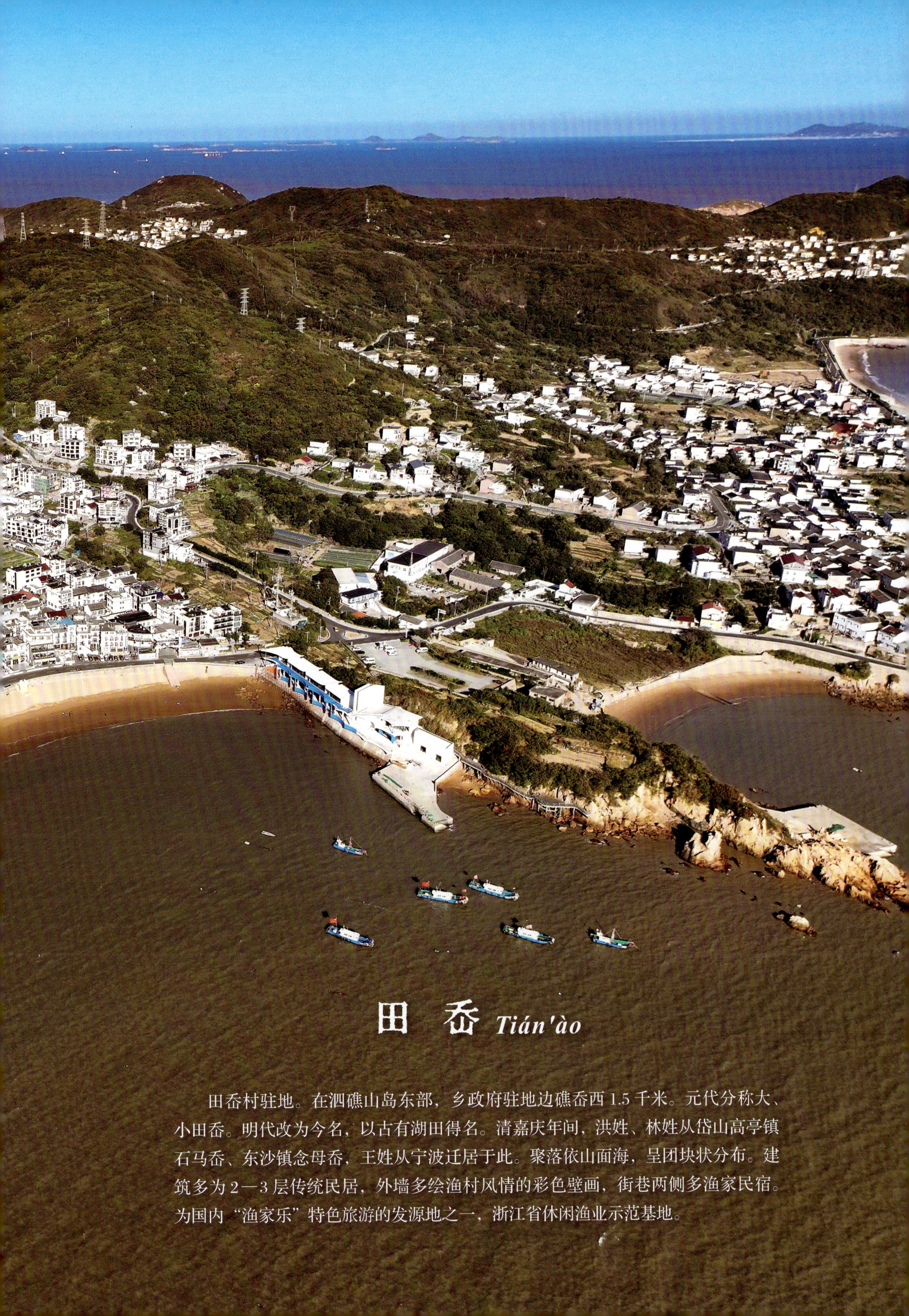

田 岙 *Tián'ào*

田岙村驻地。在泗礁山岛东部，乡政府驻地边礁岙西 1.5 千米。元代分称大、小田岙。明代改为今名，以古有湖田得名。清嘉庆年间，洪姓、林姓从岱山高亭镇石马岙、东沙镇念母岙，王姓从宁波迁居于此。聚落依山面海，呈团块状分布。建筑多为 2—3 层传统民居，外墙多绘渔村风情的彩色壁画，街巷两侧多渔家民宿。为国内“渔家乐”特色旅游的发源地之一，浙江省休闲渔业示范基地。

会城岙 *Huìchéng'ào*

会城村驻地。在泗礁山岛东北部，乡政府驻地边礁岙北 0.8 千米。古称北砂，以北岸海滨有沙滩得名，为宋元时期昌国县（州）蓬莱乡 69 岙之一，并为北砂山（古为独立海岛，今为泗礁山岛东半部）地名之源。清代始称回城岙、卫城岙，以村口海湾三面环山，口狭腹阔，状若围城得名。民国时期以谐音改为今名。清乾隆年间，刘姓从岱山宫门，吴姓从江苏崇明迁居于此。聚落依山面海，沿港湾呈环状分布。有西会城、中会城、外山嘴 3 个地片。建筑多为 2 层传统民居，沿坡地梯次而建。

黄龙乡地图

比例尺 1:14 000

大鹅礁
大钳嘴头
小梅子岛
峙岙
天后宫
元宝石
元宝山
北
港
畚斗岙岗墩
黄龙渔港
黄龙北岙客运码头
积庆禅寺
北岙
长礁码头车站
石屋岗顶
东嘴头
龙尾嘴
小
黄
龙
岛
大
双龙制冰厂
江家山嘴
大岙岗墩
大
黄
龙
岛
纱帽山
大平岗
高山
大黄龙东礁
黄龙鱼品厂
岙
黄龙乡
南港
坑里头
勒石永遵碑
利晶岗顶
赤腾下礁
赤腾山嘴
大岙防浪堤
茶园岗顶
大茶园
岐坑
海滨路
大宫庙
张世杰纪念碑
泥黄坑
门
黄龙大岙渔港
镬头山
南岸礁
赤腾山屿
大岙
南
南港码头
黄龙门礁
黄鼠山屿
大岙岗顶
"瀚海风清"摩崖
南港渔港
港
扁担西屿
黄龙扁担山屿
门脚岗顶
小
南
岙
老虎石岩
长
山
嘴
西小山屿
西小山西礁
西小山南礁
南鼎星
南鼎星岛
外宝北礁
外宝屿
外宝南礁
蛤蟆嘴礁
中宝屿
长山嘴南礁
东小山屿
东小屿
南小屿
驼背网地礁
黄
泽
洋

黄龙乡卫星影像（1970年）

黄龙乡

Huánglóng Xiāng

在嵊泗县中南部。含大黄龙岛、小黄龙岛 2 个有居民海岛，南鼎星岛等 22 个面积大于 500 平方米的无居民海岛。面积 7 平方千米。人口 0.79 万人。辖南港、峙岙、北岙、大岙 4 个村民委员会。乡人民政府驻峙坑巷 57 号。宋元属昌国县(州)蓬莱乡北界村。明代墟地徙民。清康熙二十九年（1690）改属江南省崇明县。1934 年，以大黄龙岛北半部与泗礁山岛东半部合置五龙乡，属江苏省崇明县；以大黄龙岛南半部设黄龙乡，属定海县。1949 年 7 月—1950 年 5 月，黄龙乡改属滃洲县。1951 年，大黄龙岛北半部的峙岙、黄沙岙、大岙等村落划属嵊泗县黄龙乡，自此结束大黄龙岛分属江苏、浙江两省的历史。1962 年，改设黄龙公社。1984

年，撤社复为乡。地貌以海岛丘陵为主，岸线曲折，多港湾，并有元宝石、纶巾石、荷花石等典型花岗岩风化景观，海蚀崖、海蚀穴、海蚀槽等侵蚀地貌。有乡卫生院1家。有侵华日军炮台群、东海云龙摩崖石刻2处舟山市文物保护单位，“瀚海风情（清）”摩崖石刻、黄沙福寿宫2处嵊泗县文物保护单位。地方文化以海洋渔俗和航海文化为主。峙岙村有保存完整的花岗岩渔村石屋建筑群。渔用绳索结编织技艺被列入省级非物质文化遗产名录。每年9月举办黄龙渔民开捕节。经济以渔业、工业为主。渔业以近洋张网捕捞为主，并建有黄龙（北港）、南港、大岙3个渔港。工业以鱼粉加工业为主，为嵊泗县鱼粉主产地。旧有黄龙金钩虾米、黄龙虾皮等特产。设有渡口2个，海上客运通五龙乡边礁岙。

南　港 *Nángǎng*

黄龙乡人民政府、南港村驻地。在大黄龙岛南部，县人民政府驻地菜园镇东南12千米。古称深水，以村口南港港湾水较深得名，为宋元时期昌国县（州）蓬莱乡69岙之一。清末始改南港，以村前海湾处大黄龙岛南岸得名。清道光年间，罗姓从岱山外湾（今属岱山县岱西镇）迁居于此。王姓、潘姓于清咸丰年间分别迁自镇海贵驷桥（今属宁波市镇海区贵驷街道）、蟹浦（今属宁波市镇海区澥浦镇）。清末至民国初形成渔港集镇，设有杂货店、鱼行、船行、树行、小手艺铺等商铺。聚落依山面海，呈扇形块状分布。屋舍环绕南港海湾，沿山谷坡地梯次而建。街巷狭窄，排列紧密，主要为花岗岩石砌二层楼房建筑，具有保存完整的花岗岩石屋建筑群。

东嘴头 *Dōngzuǐtóu*

在大黄龙岛东部，乡政府驻地南港东 1.5 千米。因处大黄龙岛东端岬角东嘴头，故名。曾写作东咀头。清咸丰年间，刘姓从镇海贵驷桥（今属宁波市镇海区贵驷街道），袁姓、何姓从镇海大碶头（今属宁波市北仑区大碶街道），魏姓从岱山岱西镇前山迁居于此。聚落沿坡地呈团块状分布。现村民陆续迁至南港居住。

北 岙 *Běi'ào*

北岙村驻地。在大黄龙岛北部，乡政府驻地南港西北1.1千米。原称红沙岙、黄沙岙，以沿岸有沙滩得名。后以地处大黄龙岛北部而改为今名，别称北港。清宣统年间，汪姓从镇海大碶头（今属宁波市北仑区大碶街道），江姓从镇海三山清溪头西山下（今属宁波市北仑区春晓街道），徐姓、杨姓从岱山凤凰山（今属岱山县岱东镇）迁居于此。聚落沿海边谷地呈团块状分布。

大 岙 *Dà'ào*

大岙村驻地。在大黄龙岛西南部，乡政府驻地南港西 1.1 千米。相传因湾澳宽大得名。又因村前有黄龙门（今称大岙门），别称门岙。清咸丰年间，刘姓、江姓从宁波迁居于此。聚落沿海湾呈带状分布。屋舍多建于坡地，多为 2 层传统民居。

峙岙 *Zhì'ào*

峙岙村驻地。在大黄龙岛北部，乡政府驻地南港北 1.7 千米。古称莆岙，为宋元时期昌国县（州）蓬莱乡 69 岙之一。“莆”同箬、簰，即簰簏，是古代张网作业用的小竹网。以附近海域多张网渔具得名。明代改称蟹钳岙，以北部有 2 个形似蟹钳的岬角得名。清代改称岐岙、崎岙，“岐”“崎”均为“钳”的方言谐音。清咸丰年间，周姓从宁波镇海，袁姓、何姓从镇海大碶头（今属宁波市北仑区大碶街道）迁居于此。清末至民国初已经形成渔港集市，在汛期为渔船提供商贸服务。聚落依山面海，呈团块状分布，屋舍沿海湾和山谷缓坡地梯次而建。街巷狭窄、崎岖，排列紧密，主要为花岗岩石砌 2 层楼房建筑，具有保存完整的花岗岩石屋建筑群。

▲1978年　叶文清拍摄

枸杞乡地图

比例尺 1:14 500

小捣臼屿
捣臼屿
水底笋礁
羊角嘴礁
北鸟嗣屿
毛洋嘴
黄屿螺礁
嵊
箱子岙
客运码头
嵊
山
岛
箱子岙
陈钱山
枸杞贻贝养殖基地
北岙码头
后头湾渔港
北风嘴
枸杞笠杯屿
小西天
上岗
四岙岗墩
四岙
乌沙壁
龙灯会山
三礁江大桥
东昇
双盘甩嘴头
庙冲山嘴
枸
膇壳墩
北风嘴岗墩
后头湾
茅草滩
海水淡化厂
外山嘴半边嘴
港
鹁
高块礁
小南块礁
钥匙湾礁
大南块礁
礁
天后宫
枸杞乡
枸杞乡小学
奇观
大王沙滩
枸杞水库
干斜
干斜岙湾
三块屿螺屿
乱石礁
黄石洞屿
枸杞马鞍山岛
枸杞车渡码头
枸杞客运站
老虎山
穑米塔
十里碑
杞
龙泉
人旺关
小石浦
枸杞交通码头
中龙舌屿
半边龙舌屿
内龙舌屿
镇
乌桐礁
轧轧洞嘴
老鹰窝嘴
沙角悬水礁
上龙头屿
龙角礁
龙珠礁
龙须礁
枸杞渔港
小沙头
岛
山海奇观摩崖题记
观音寺
五里碑
竹山下
黄胖舌山嘴
江爿嘴
小江爿礁
江爿礁
外江爿礁
枸杞贻贝养殖基地
里西
大石头下
小浪岗礁
里西码头
黄
泽
洋
清水浜
南龙舌嘴
桶礁
里西嘴
青岩礁
大宫山岛
大宫山
一粒珠礁
小宫屿
门坎礁
门前礁
S201

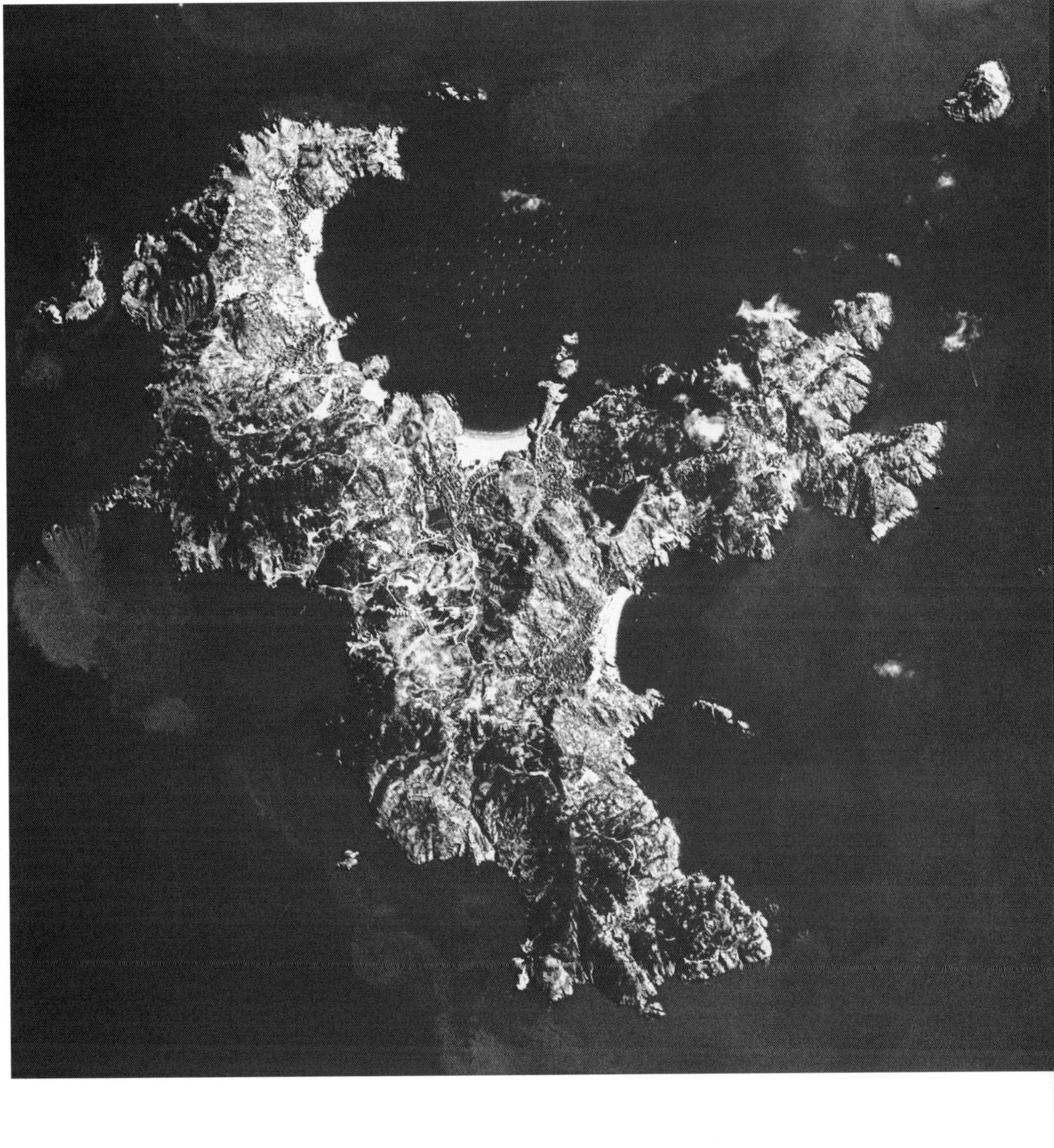

枸杞岛卫星影像（1970年）

枸杞乡

Gǒuqǐ Xiāng

在嵊泗县东部。以主岛枸杞岛得名。含枸杞岛 1 个有居民海岛，大官山岛、枸杞马鞍山岛等 32 个面积大于 500 平方米的无居民海岛。面积 6 平方千米。人口 0.75 万人。辖奇观、龙泉、东昇、里西、干斜等 5 个村民委会。乡人民政府驻后湾路 36 号。宋元属昌国县（州）蓬莱乡北界村。明代墟地徙民。清康熙二十九年（1690）改属江南省崇明县。1934 年始置枸杞乡。1950 年起属嵊泗特区（县）。1958 年改称嵊泗公社枸杞生产大队。1962 年改设枸杞公社。1984 年撤社复乡。地貌以海岛丘陵为主，岸线曲折，多港湾、沙滩和海蚀崖，山谷多狭小，仅三大王自然村附近较开阔。有小学 1 所，乡卫生院 1 家。历为海防要地和东亚海上丝绸之路的要道。明代为水师巡哨和抗倭要地。嘉靖二十七年（1548），自双屿港和福建浯屿等地溃败的倭寇曾潜匿于此。万历十八年（1590），浙直总兵都督侯继高率临观把总陈九思，听用守备宋大斌，游哨把

总詹斌，陈梦斗等督汛于此，并于五里碑峰顶题“山海奇观”。1949 年 5 月—1950 年 5 月，国民党“江苏省政府”主席丁治磐及随行官员败逃至此，并以此为临时“省政府”驻地。有“山海奇观”摩崖题记 1 处浙江省文物保护单位。地方文化以渔俗和航海文化为主。枸杞海蜒加工技艺被列入舟山市非物质文化遗产名录。经济以渔业和旅游服务业为主，并有水产加工等小型工业。渔业以近洋张网作业和水产养殖业为主。有 1.2 万亩贻贝养殖水域，被誉为“海上牧场”和“中国贻贝之乡”，并有嵊泗贻贝、枸杞海蜒等特产。滩岬交错，海碧波澄，渔舟穿梭，白浮映海，岛礁风光极为秀丽。旅游业以海滨观光和海岛休闲度假为主，各村落多渔家民宿和海鲜餐馆。村落间通公路，并经三礁江大桥连接嵊山岛。设有海港客运站 1 个，海上客运通菜园、沈家门等地。

三大王

Sāndàwáng

枸杞乡人民政府、大王村驻地。在枸杞岛中部，县人民政府驻地菜园镇东 31 千米。相传以旧有盗寇盘踞得名。清道光年间，何姓从镇海大碶何家（今属宁波市北仑区大碶街道）迁居于此。聚落依山面海，沿缓坡呈团块状分布。屋舍密集，多为 2—4 层传统民居。村口滩岬交错，海碧波澄，有三大王沙滩和海滨浴场。村内多渔家民宿和海鲜餐馆。

小石浦 *Xiǎoshípǔ*

在枸杞岛中部，乡政府驻地东南0.4千米。岙口有小石埠头，得名小石埠，后谐音成小石浦。张姓一支于咸丰年间迁自镇海大碶头，一支于光绪年间迁自鄞县后百丈（今属宁波市鄞州区姜山镇）。柴姓、李姓于咸丰年间至光绪年间迁自福建晋江。民国时期，福建、温岭、玉环等地渔船多于此生产、靠泊、交易，渐成集市，并设八闽公所。1949年5月—1950年5月，民国国民党“江苏省政府”主席丁治磐及随行官员败逃至此，并以此为临时省政府驻地。聚落沿滨海谷地呈团块状分布。屋舍密集，多为2层传统民居。

枸杞岙 *Gǒuqǐ'ào*

龙泉村驻地。在枸杞岛西南部，乡政府驻地三大王西南 0.5 千米。一说因岛形蟠曲得名虬屿，因谐音成枸杞，村落以岛得名。一说因昔出产中药材枸杞子颇多，故名。别称大岙，以枸杞岛上的最大聚落得名。清乾隆年间，叶姓从鄞县姜茅山定桥（今属宁波市鄞州区姜山镇），张姓从鄞县孔家潭（今属宁波市鄞州区横溪镇），阮姓从慈溪三北（今属慈溪市三北镇）、孔姓从岱山司庙干（今址不详）迁居于此。聚落依山面海，沿山岙呈半月形块状分布。屋舍密集，多 2 层传统民居。村前枸杞岙湾建有大片的贻贝养殖桁地。村口滩岬交错，海碧波澄，有枸杞岙沙滩、上龙头屿、沙角悬水礁等景观。海上白浮点点，渔舟穿梭，岸上晾满贻贝、海蜒等水产品，为舟山群岛最具海岛风情的村落之一。

干斜岙 Gānxié'ào

干斜岙村驻地。在枸杞岛西部，乡政府驻地三大王西1.2千米。以村落建于山埂斜处得名。干，义同埂。为宋元时期昌国县（州）蓬莱乡69岙之一。清嘉庆年间，张姓从鄞县后百丈（今属宁波市鄞州区姜山镇），袁姓从镇海大碶头（今属宁波市北仑区大碶街道），毛姓从岱山，费姓从衢山，沈姓从温州平阳迁居于此。聚落依山面海，呈团块状分布。屋舍密集，沿山坡梯次而建，多为2层传统民居。村口湾岬交错，海碧波澄，村前干斜岙湾建有大片的贻贝养殖桁地。海上白浮点点，渔舟穿梭，岸上晾满贻贝、海蜒等水产品，为舟山群岛最具海岛风情的村落之一。

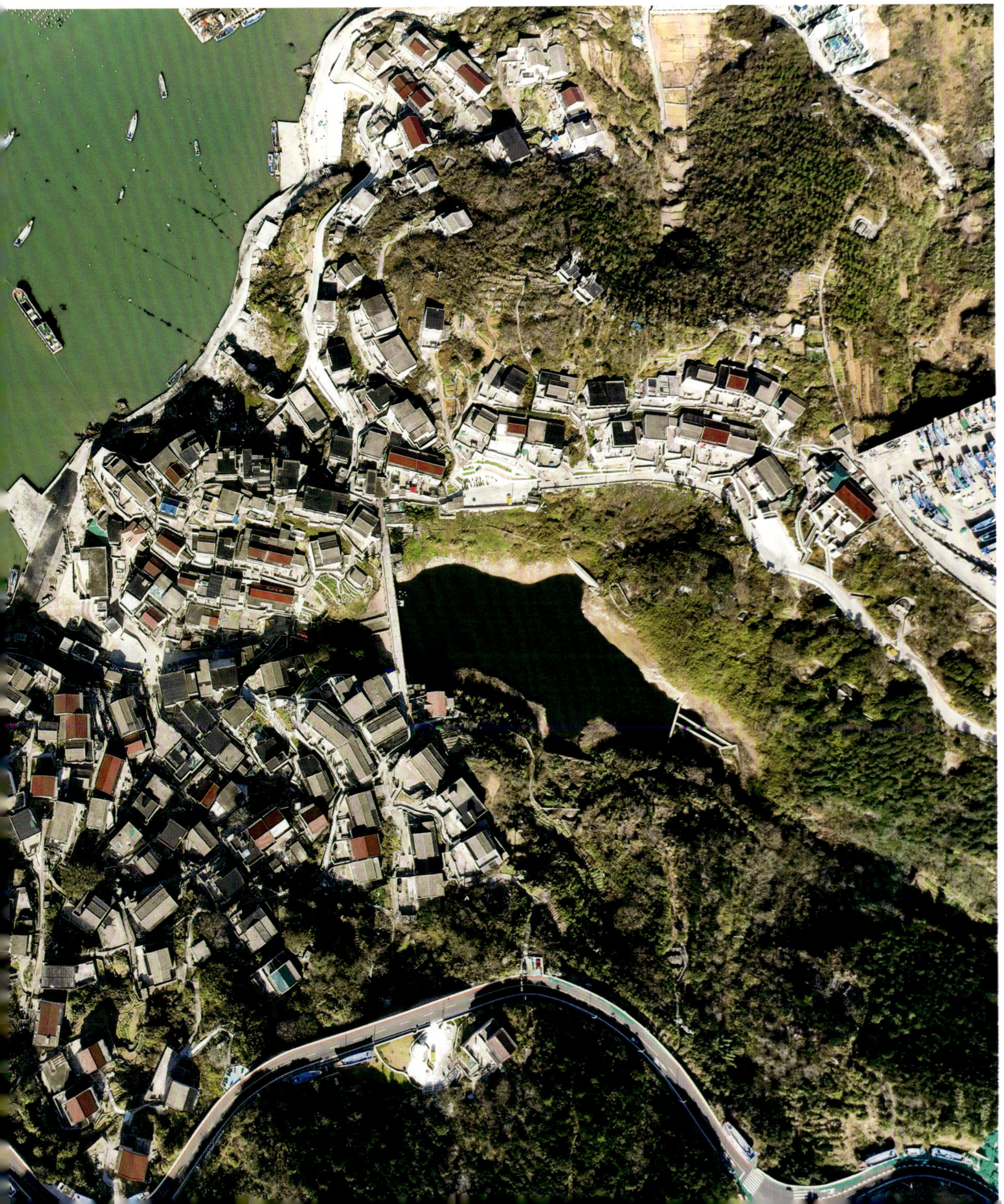

里 西 *Lǐxī*

里西村驻地。在枸杞岛南部，乡政府驻地三大王南 1.4 千米。古称李西，以枸杞岛于明末清初称里西山、李西山得名。明代为水师巡哨和抗倭要地。嘉靖二十七年（1548），自双屿港和福建浯屿等地溃败的倭寇曾潜匿于此。万历十八年（1590），浙直总兵都督侯继高率临观把总陈九思，听用守备宋大斌，游哨把总詹斌、陈梦斗等督汛于此，并于村北的五里碑峰题“山海奇观”。清康熙二十九年（1690）江浙两省分洋汛，以此村南端为江浙两省洋汛分界点，两省水师于此会哨。清乾隆年间，叶姓从鄞县姜山（今属宁波市鄞州区姜山镇）迁居于此。聚落依山面海，呈团块状分布。屋舍密集，沿山坡梯次而建，多为 2 层传统民居。

小庙干 *Xiǎomiàogān*

东昇村驻地。在枸杞岛东部，乡政府驻地三大王东北 1.2 千米。以聚落建于天后宫周边，得名小庙根，谐音成今名。清咸丰年间，黄姓、林姓从温州瑞安、平阳坑镇马前村迁居于此。聚落依山面海，呈团块状分布。屋舍密集，建于山谷坡地，多为 2—3 层传统民居。

乌沙壁 *Wūshābì*

在枸杞岛东部，乡政府驻地三大王东北1.8千米。以村中有一乌纱帽状岩石，俗称乌纱碑得名，后谐音成今名。清道光年间，朱姓从岱山泥峙迁居于此。稍晚，任姓、潘姓、孔姓、夏姓等从岱山岱东虎斗岙、冷坑等地迁此。聚落依山面海，呈团块状分布。屋舍密集，建于山谷，多为2层传统民居。

花鸟乡地图

比例尺 1:16 000

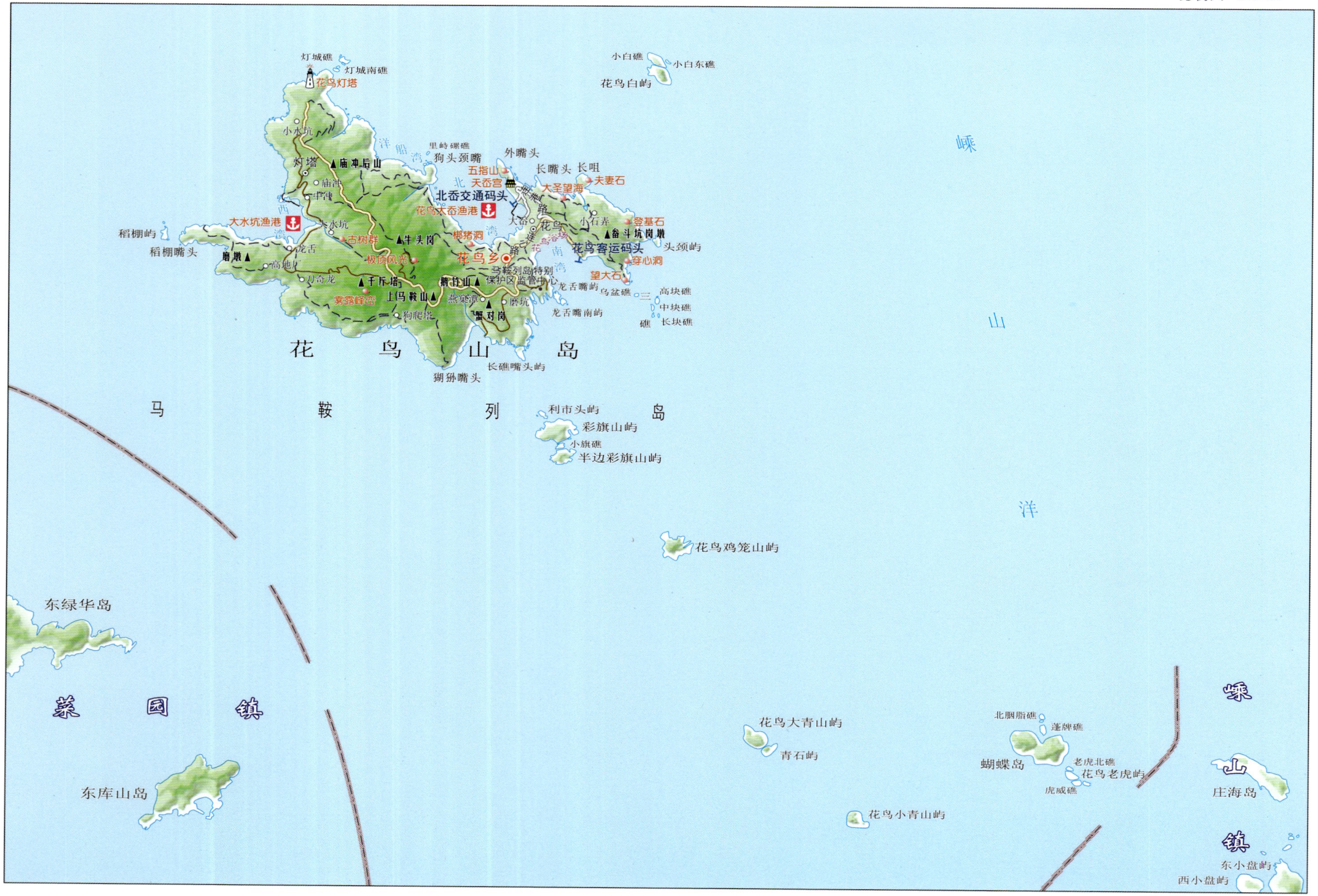
花鸟山岛
马鞍列岛
花鸟乡
花鸟灯塔
灯城礁
灯城南礁
北岙交通码头
花鸟客运码头
花鸟大岙渔港
大水坑渔港
五指山
天岙宫
大圣望海
夫妻石
登基石
穿心洞
望大石
古树群
极顶风光
雾露峰峦
榔猪洞
马鞍列岛特别保护区监管中心
庙冲后山
牛头岗
千斤塔
上马鞍山
燕窝山
蟹对岗
畚斗坑岗墩
狗头颈嘴
外嘴头
长嘴头
长咀
头颈屿
高块礁
中块礁
长块礁
龙舌嘴屿
龙舌嘴南屿
长礁嘴头屿
猢狲嘴头
稻棚屿
稻棚嘴头
花鸟白屿
小白礁
小白东礁
利市头屿
彩旗山屿
小旗礁
半边彩旗山屿
花鸟鸡笼山屿
花鸟大青山屿
青石屿
花鸟小青山屿
蝴蝶岛
北胭脂礁
蓬牌礁
老虎北礁
花鸟老虎屿
虎威礁
庄海岛
东小盘屿
西小盘屿
东绿华岛
东库山岛
菜园镇
嵊山镇
嵊山洋

花鸟山岛卫星影像（1970年）

花鸟乡

Huā'niǎo Xiāng

在嵊泗县东北部。以主岛花鸟山岛得名。含花鸟山岛 1 个有居民海岛，彩旗山屿、蝴蝶岛等 16 个面积大于 500 平方米的无居民海岛。面积 4 平方千米。人口 0.18 万人。辖花鸟、灯塔 2 个村民委员会。乡人民政府驻大岙连心路 138 号。宋元属昌国县（州）蓬莱乡北界村。明代墟地徙民。清康熙二十九年（1690）改属江南省崇明县。1934 年与东、西绿华岛合置花洛乡。1946 年析置为花鸟乡。1949 年复并入花洛乡。1950 年复析置花鸟乡。1956 年与洛华乡合置花洛乡，旋复析为花鸟乡。1958 年改设嵊泗公社花鸟生产大队。1962 年析设为花鸟公社。1984 年撤社复为乡。地貌以海岛丘陵为主，花鸟山岛谷地深窄，岸线曲折，湾岬相间，多海蚀崖、海蚀穴，并有南湾沙滩等海积地貌。前坑顶海拔 236.9 米，为嵊泗列岛最高峰。有乡卫生院 1 家，无学校。历为海防要地、东亚海上丝绸之路的要道。南宋宝祐六年（1258），于此置石衕山烽铺，为海上十二烽铺之一。同年，巡海水师于此搭救起遇难高丽船 1 艘、高丽人 6 名。清同治九年（1870），于花鸟山岛东北端建花鸟灯塔。光绪三十三年（1907），英

国人曾侵占岛上土地，并建别墅 7 幢。1937 年，国民党空军二大队于此附近海域炸伤侵华日舰数艘。1944 年，中日（上海至东京）海底电缆在花鸟山岛上岸。有花鸟灯塔 1 处全国重点文物保护单位和马力斯避暑房等古迹。地方文化以渔俗和航海文化为主。石花菜产品加工技艺、石艾茶制作技艺分别被列入舟山市和嵊泗县非物质文化遗产名录。经济以渔业和旅游服务业为主。附近海域渔业资源丰富，盛产乌贼、带鱼、大黄鱼、小黄鱼等，历有“花鸟东北首，去捕总归有”之谚。昔以捕捞乌贼和带鱼为主，今以近洋捕捞、海钓等作业方式为主，并建有近千亩贻贝养殖桁地。附近海域海碧波澄，渔舟穿梭，白浮映海，花鸟山岛滩岬交错，有南湾沙滩、望夫石、登基石、佛手石、古树群等景观，岛礁风光极为秀丽。旅游业以海滨观光和海岛休闲度假方式为主。旅游服务业主要集中在大岙自然村，建有浙江省旅游风情小镇——花鸟岛 1870 小镇。村落间通公路，大岙南北两侧建有客运码头，海上客运通菜园、嵊山、枸杞等地。

大　岙 *Dà'ào*

花鸟乡人民政府、花鸟村驻地。在花鸟山岛东部，县人民政府驻地菜园镇东北26千米。古称石衕（岙），以花鸟山岛古称石衕山得名。后以湾澳宽大，为花鸟山岛最大的居民点而改为今名。因村处低缓鞍部，南北两侧均有海湾，故分称南岙、北岙。清初，陈姓、芦姓、赵姓从台州黄岩迁居于此。清末已为嵊山渔场的著名渔港之一。光绪三十三年（1907），英国人于此建别墅7座，今存1座。1958—1962年，沪、苏、甬在此设立渔场指挥部。聚落地处沙丘之上，东、西依山，南、北面海，呈团块状沿缓坡梯次分布。屋舍密集，多为2层花岗岩石砌楼房，现多改建为民宿。

▲1989年　叶文清拍摄

大水坑 *Dàshuǐkēng*

灯塔村驻地。在乡镇府驻地大岙西1.6千米。为庙冲、中冲、大坑、龙舌头、高地厂5个居民点的合称。东侧有一山涧，长约1千米，溪流终年不断且水质佳，俗称大水坑，以此得名。聚落沿海湾岸坡呈“人”字形分布。民居建于坡地，多为2层花岗岩传统民居。现居民多搬迁至幸福里居住。庙冲、中冲、大坑村民祖籍多为温州瑞安，现成年人仍会讲温州话。龙舌头、高地厂村民祖籍多为岱山。村民昔以砍柴种田为生，后从事近洋捕捞渔业。昔大旱天，嵊山等岛的居民来此驳运淡水。

编后记

地名源于人类认识自然、改造自然的过程，是人们赋予具有特定空间范围和重要方位意义的地理实体名称，集聚了人类的智慧，蕴藏了各个时期的历史、地理和人文信息。

早在新石器时代，向海图强的先民们从大陆迁徙到嵊泗列岛，“随陵陆而耕种，或逐禽鹿而给食”，“或久无害，稍筑室宅，遂成聚落”。自然村地名成为先民定居后产生的首批地名之一。千百年来，这些地名伴随着嵊泗人民繁衍生息、踔厉奋发、勇毅前行，记录着一段段难忘的历史，讲述着一个个奋斗的故事，是铭刻在每个嵊泗人心中的家国情怀和乡愁之源。

赓续历史文脉，谱写当代华章。本书以无人机为视角，重走先民迁徙之路，记录了全县自然村风貌。摄影团队经寒冬酷暑，上山下海，用辛劳和汗水带回了一组组精美的照片。书中用精炼的文字介绍地名的历史沿革和来历含义，辅以历史卫星影像和部分老照片，直观呈现地名的“前世今生”，以地名和地名文化诠释了建设“两美”嵊泗，走好走稳海岛共富特色之路取得的丰硕成果。

本书编纂过程中，全国地名专家、舟山市地名服务中心编审王建富教授给予亲切关心和大力支持，慷慨执笔惠赐序言；各乡镇党委、政府鼎力支持拍摄取景；县档案馆提供了资料上的支持；刘昌明馈赠珍贵的历史照片。在此，我们一并表示衷心的感谢！

掩卷长思，漫漫历史长河，雕刻了时光，雕刻了我们的智慧，也雕刻了嵊泗独特的地名文化。第一次尝试以航拍形式介绍地名，对全体参编人员而言都是一项全新的高难度工作。尽管我们竭尽全力，潜心耕耘，然囿于水平和种种原因，其中难免疏漏错讹之处，敬祈方家批评惠正。

《海山嵊境——嵊泗列岛人居环境图释》编辑部

2024 年 10 月

图书在版编目（CIP）数据

海山嵊境：嵊泗列岛人居环境图释 / 嵊泗县民政和人力资源社会保障局编. -- 杭州：西泠印社出版社，2024.11. -- ISBN 978-7-5508-4668-5

Ⅰ. K925.55-64

中国国家版本馆CIP数据核字第2024B6H101号

审图号：浙舟S(2024)4号

海山嵊境——嵊泗列岛人居环境图释

嵊泗县民政和人力资源社会保障局　编

责任编辑　陶铁其
责任出版　杨飞凤
责任校对　曹　卓
装帧设计　杭州宇声文化艺术有限公司
出版发行　西泠印社出版社
（杭州市西湖文化广场32号5楼　邮政编码　310014）
经　　销　全国新华书店
制　　版　杭州宇声文化艺术有限公司
印　　刷　杭州良诸印刷有限公司
开　　本　880mm×1230mm　1/16
字　　数　120千
印　　张　8
印　　数　0001—1750
书　　号　ISBN 978-7-5508-4668-5
版　　次　2024年11月第1版　第1次印刷
定　　价　128.00元

西泠印社出版社发行部联系方式：（0571）87243079